내 삶에 악센트를 불어넣는

라이프 스토리 50

내 삶에 악센트를 불어넣는

라이프 스토리 *50*

지은이 | 김태광

펴낸곳 | 북포스
펴낸이 | 방현철

1판 1쇄 찍은날 | 2006년 8월 7일
1판 1쇄 펴낸날 | 2006년 8월 10일

출판등록 | 2004년 2월 3일 제313-00026호
주소 | 서울시 마포구 서교동 394-25 동양트레벨 1304호
전화 | 02-337-9888
팩스 | 02-337-6665
전자우편 | bhcbang@hanmail.net

ISBN 89-91120-08-3 03320

값 10,000원

내 삶에 악센트를 불어넣는

라이프 스토리 50

김태광 지음

북포스

워렌 버핏은 네브래스카 대학 강단에서 학생들에게 이렇게 말했습니다.

"난 사실 여러분과 전혀 다르지 않습니다. 어쩌면 나는 여러분들보다 돈이 더 많을 수는 있겠지만, 그것은 여러분과 나의 진정한 차이가 되지 못합니다. 물론 나는 비싼 최고급 양복을 살 수 있습니다. 하지만 내가 입으면 싸구려처럼 보입니다. 게다가 내 입맛에는 100달러짜리 고급 음식보다 치즈버거가 더 맞습니다."

학생들은 하나같이 어리둥절한 표정이었습니다. 워렌 버핏은 계속 말을 이어나갔습니다.

"여러분과 나 사이에 차이가 있다면 단지 나는 매일 아침 일어나서 하고 싶은 일을 할 수 있는 기회가 있다는 사실입니다. 매일 매일 말이죠. 이 말이 내가 여러분에게 해줄 수 있는 최선의 충고입니다."

워렌 버핏은 100달러로 주식투자를 시작해 한때 미국 최고의 갑부였습니다. 현재도 미국에서 5위 안에 드는 갑부인 그는 전설적인 투자의 귀재로 평가받고 있습니다. 이런 그가 얼마 전 자신의 재산 가운데 85%인 총 370억 달러 상당의 주식을 5개 자선단체에 매년 기부키로 했습니다. 그가 부와 명성을 가질 수 있었던 것은 남을 생각하는 배려를 잊지 않았기 때문입니다. 돈은 모으는 것보다 얼마나 아름답게 쓰느냐가 중요합니다. 워렌 버핏은 우리에게 아름다운 기부문화를 몸소 실천해 보여주었습니다.

그는 자신의 강점에 대해 잘 알고 있었고 자신만의 특별한 행동 방식을 갖고 있었습니다. 그것을 바탕으로 자신만의 영역을 개척해나갔던 것입니다. 그의 위기를 대처하는 방식, 인맥을 맺는 방식, 선택의 순간에 지혜로운 결정을 내리는 방식, 능력을 극대화시키는 방식…. 이 모든 방식은 임의적으로 선택된 것이 아닌 그가 스스로 만들어냈던 것이었습니다.

사람들은 자기계발에 대한 필요성을 느끼고 있습니다. 어떤 이는 서점으로 달려가 책을 살 것이고 또 다른 이는 자기계발에 관련된 테이프나 강연회를 들을 것입니다. 이들은 자기계발을 통해 성공으로 이끌어주는 타인의 성공 이야기들을 자신의 몸에 맞게 받아들이고 싶었던 것입니다.

그러나 자신에게 자기계발이 필요한 이유를 깨닫지 못한다면 어떤 성과도 기대할 수 없습니다. 진득하게 자기계발을 하기보다 이내 포기하는 사람들은 이런 부류에 속합니다. 이는 자신이 병에 걸렸다는 사실도 알지 못한 채 쓴 약을 먹는 것과 같습니다. 이런 사람이 쓴 약을 즐겁게 먹을 리 없을 것입니다. 그들은 하나같이 "이렇게까지 해야 하나?" "차라리 그냥 되는 대로 살지 뭐." 하고 대수롭지 않게 말합니다.

자기계발은 단거리 달리기가 아닌 장거리 마라톤과 같습니다. 며칠 혹은 몇 달 안에 완성할 수 있는 것이 아닙니다. 때에 따라서는 몇 년이 걸릴 수도 더 오랜 시간이 걸릴 수도 있습니다. 세상에 단시간에 유익한 효과를 발휘하는 것은 없습니다.

혹 있다 해도 그 유익한 효과는 얼마 지나지 않아 극심한 부작
용으로 바뀔 것입니다.

위기는 피한다고 해서 피해지는 것이 아닙니다. 지금 당장은 위
기를 모면할 수 있을지 몰라도 다시 눈앞에 나타날 것입니다. 그땐
지금보다 더 심각한 모습을 하고 있을 겁니다. 위기는 그냥 두면
시간이 지날수록 눈덩이처럼 불어납니다. 더욱 놀라운 것은 눈덩
이로 불어나는 위기에 묻혀 여러분은 자신의 인생에서 주연이 아
닌 조연으로 살아가게 된다는 것입니다.

－본문 중에서

꿈을 이루기 위해선 자신의 부족한 부분을 보완하고 고쳐야
할 부분은 적극 개선해야 합니다. 그래야 더 나은 모습으로 성
장할 수 있습니다. 그러나 먼저 이루어져야 할 것이 있습니다.
그것은 바로 자신이 추구할 꿈을 확고히 하는 것입니다. 그 다

음 의지와 열정, 소망입니다. 꿈을 향해 나아갈 수 있게 하는 추진 장치가 바로 의지와 열정, 소망이기 때문입니다.

초등학교 시절, 소풍 가기 전날 밤 기억을 떠올려보세요. 다음 날 소풍 생각에 잠을 설쳐본 기억이 있을 것입니다. 조금이라도 빨리 밤이 지나고 새벽이 밝아왔으면 하는 소망이 가슴속을 가득 채웠을 테지요. 이처럼 자신의 분야에서 최고가 되거나 성공을 꿈꾼다면 그것을 반드시 이루고 말겠다는 강한 의지와 열정, 간절한 소망이 있어야 합니다.

성공한 삶이란 부와 명예와 권력, 이 세 가지를 가진 삶이 아닙니다. 확고한 꿈과 목표를 이루기 위해 나아가는 과정에서 행복을 느끼며, 주위 사람들과 원만한 관계를 지속하는 삶입니다. 타인과 자신을 비교하지 않고 자신을 있는 그대로 사랑할 줄 아는 삶일 것입니다. 무엇보다 주위 사람들과 조화를 이루며 쉼표 같은 여유를 가질 수 있는 삶이 아닐까 생각합니다.

이 책은 자신을 잘 관리하고 잠재능력을 십분 발휘할 수 있도록 도움을 주기 위한 책입니다. 책에 실려 있는 '라이프 스토리'는 단기간에 성공적인 삶을 살 수 있는 비법을 제시하지는 못합니다. 그러나 조금 더 꿈과 목표에 근접해 갈 수 있도록 도와줄 뿐 아니라 생활의 중심에서 나를 찾는 삶의 로드맵이 될 것입니다. 그리고 그로 인해 여러분의 삶의 질이 한층 더 높아질 수 있기를 간절히 소망합니다.

2006년 여름

김태광

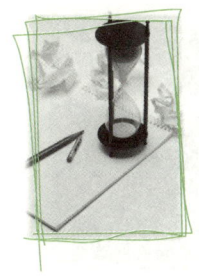

2 PART 좋은 습관을 위한 라이프 스토리

 **3**
PART

자신만만 라이프 스토리

 **4 PART** 행복한 생활을 위한 라이프 스토리

내 삶에 악센트를 불어넣는 Life Story

성공
라이프 스토리

성공 스토리 만들기

운동선수에겐 건강한 체력이 뒷받침되어야 합니다. 마찬가지로 자신이 원하는 분야에서 최고가 되길 바라는 사람에게는 반드시 성공 스토리가 있어야 합니다. 성공 스토리라고 해서 아주 특별하거나 거창한 것만은 아닙니다. 자신이 할 수 있는 가장 작은 것에서부터 성취할 때 성공 스토리는 시작됩니다.

영업사원이라면 5년 후나 1년 후의 모습을 그리기보다 이번 달 목표에 마음을 집중해야 합니다. 그렇게 한 달 한 달 목표를 성취해나가다 보면 하반기와 상반기 목표 또한 달성할 수 있습니다. 티끌이 모여 태산을 이루듯이 성공 스토리 또한 자신이 할 수 있는 가장 작은 부분에서 시작되는 것입니다.

먼저 작은 성공을 이루어야 합니다. 이 작은 성공에서 자신감을 찾는 것입니다. 더 나아가 작은 성공은 더 큰 성공으로 연결되고 그에 맞는 자신감을 갖게 되는 것입니다.

성공 스토리를 위해선 확실한 비전을 가져야 합니다. 비전이란, 자신이 진정으로 원하는 목표를 머릿속에서 그려보는 것입니다. 비전은 최대한 원대하게 설계할 필요가 있습니다.

"그 사람의 크기를 보려면 그 사람의 비전 크기를 보라."

헬렌 켈러가 한 말입니다. 비전의 크기에 따라 그 사람의 열정이나 노력 또한 비례합니다.

자신이 그린 비전을 이루는 데 걸리는 시간은 10년 정도가 적당합니다. 그러기 위해선 10년간 모든 열정을 쏟아 부을 수 있는 비전을 찾아야 합니다. 이것을 바탕으로 자신에게 가장 적합한 방법을 개발해 경쟁자가 없는 블루오션을 개척해야 합니다.

비전을 현실로 성취하는 데는 두 가지 방법이 있습니다.

첫째, 비전을 종이에 적어 잘 보이는 곳에다 붙여두는 것입니다. 종이에 적힌 비전을 자주 바라보며 상상하는 습관을 들여야 합니다. 비전을 글로 적고 이미 성취한 것처럼 상상하면 실현 가능성이 훨씬 높아진다는 게 하버드대의 연구결과입니다.

자신의 비전을 잘 보이는 곳에 붙여두면 자주 인식하게 됩니다. 그러다 보면 무의식적으로 비전에 맞는 습관과 행동을 하게 됩니다. 이런 습관과 행동은 때로 마음이 우울하거나 열정이 식을 때마다 스스로 몸과 마음을 다잡게 하는 더없이 좋은 동지 혹은 스승이 되어줄 것입니다. 백만장자가 되기 위해 백만장자처럼 말하고 행동하는 것과 같습니다.

비전을 마음속에 각인해놓으면 그것을 이루기 위해 마음과 귀를 활짝 열게 됩니다. 자연스레 비전에 유익한 정보는 모두 흡수할 것입니다. 이는 스스로 목표를 달성해줄 황금열쇠를 찾는 것과 같습니다.

둘째, 실행력을 높이기 위해 사람들에게 비전을 수시로 말하는 것입니다. 같은 말을 반복해 들려주면 스스로의 마음속에 각인됩니다. 계속 반복하다 보면 자연스레 신념으로 바뀝니다. 어떤 일에 대한 확고한 믿음이 생기면 불가능도 가능으로 변화하는 기적을 낳습니다.

성공 스토리를 위해 마음속에 확실한 비전을 심었다면, 이제는 성공을 노래해야 합니다.

성공의 노래 부르기란, 유행가를 부르듯 하는 것은 아닙니다. 항상 마음속에 '나는 성공할 수 있다'는 확신으로 자신감 넘치는 행동을 하는 것입니다. 그런 자신감을 바탕으로 자신의 몸값을 올릴 수 있는 일에 마음을 집중해야 합니다. 이런 성공 노래 부르기가 몸값 상승을 보다 높게 견인할 것입니다.

성공 스토리를 만들기 위한 방법에는 네 가지가 있습니다.

첫째, 나와 회사 그리고 사회적 수요가 만나는 세 곳의 교차점을 찾는 것입니다. 교차점에 모든 역량을 집중해 남다른 전문성을 확보하는 것이 중요합니다. 전문성이야말로 자신을 돋보이게 하고 경쟁에서 승리를 거둘 수 있는 강력한 무기입니다.

둘째, 전문성을 잘 보이게 드러내야 합니다. 소크라테스는 "명성을 얻는 방법은 당신이 세상에 보이고 싶은 것을 내보이려고 최선을 다하는 것"이라고 말했습니다. 일찍이 자기 PR의 중요성을 설파한 것입니다.

어떻게 자신의 전문성을 전시할 수 있을까요? 홈페이지나 커뮤니티를 운영하는 것도 좋은 전략 중의 하나입니다.

인터넷의 힘은 가히 폭발적입니다. 현재 많은 사람들이 인터넷을 통해 자신의 전문성을 알리는 데 많은 시간을 투자하고 있습니다. 글을 잘 쓰는 사람이라면 자신의 노하우를 매일 기록해 한 권의 책으로 출간하는 것도 좋습니다. 자기계발 전문가 안상헌 씨는 왕성한 집필활동을 통해《생산적인 삶을 위한 자기발전노트 50》등 자기계발에 관한 책을 내놓았습니다. 그는 독자들에게 보다 의미 있고 사색적인 자기계발의 원칙과 방법론을 제시하여 폭발적인 호응을 얻었습니다. 안상헌 씨는 자신의 노하우를 많은 독자들에게 전해줄 수 있어 더 큰 보람을 느꼈을 것입니다.

셋째, 좋은 멘토를 만나야 합니다. 닮고 싶은 좋은 스승을 만나는 것은 성공적인 인생을 확실하게 예약하는 것과 같습니다. 포춘 500대 기업 중 60개 기업을 대상으로 조사한 결과에 따르면 멘토가 있는 사람의 이직률은 16%, 이는 멘토가 없는 사람에 비해 2배가량 낮은 것입니다. 결국 멘토가 있는 사람은 회사에서 성공할 확률이 높다고 해석할 수 있습니다.

넷째, '10배 가치 제공하기'를 자기 자신의 슬로건으로 삼는 것입니다. 월급보다 조금 더 높은 가치를 제공하면 많은 사람들과 치열하게 경쟁해야 합니다. 월급보다 적게 제공하면 자신의 자리가 위태로워질 것입니다. 월급보다 10배 높은 가치를 제공한다면 여러분을 그냥 둘 회사는 아무데도 없습니다. 지금의 회사가 당신의 가치를 몰라준다 하더라도 다른 회사가 당신을 스카우트할 것이기 때문입니다.

《CEO처럼 행동하라》의 저자 데브라 벤튼은 최고로 성공한 CEO들을 연구했습니다. 그녀는 책 속에서 숨은 성공비밀은 "누가 무엇을 해달라고 요청하면 그것의 10배를 더 해주는 데 있다"고 밝혔습니다.

내가 아는 텔레마케터 한 분의 이야기입니다.

결혼을 하고 난 후 자신의 일을 가지려고 시작한 것이 텔레마케터였습니다.

"처음 일 년 동안은 너무나 힘들었습니다. 아무리 열심히 전화를 해도 성과는 없고 동료들이 퇴직하는 것을 볼 때 많이 흔들렸으니까요."

그녀는 힘들어도 3년 동안 꾹 참고 버텼습니다. 그러다 보니 관리하는 고객이 늘어났습니다. 그러던 중에 다른 회사에 다니던 친구로부터 이직을 권유받고 면접을 봤습니다.

그 당시 면접관은 이렇게 질문했습니다.

"지금까지 가장 실적이 좋았던 때가 언제였습니까?"

그녀는 면접을 보고 나서 경력관리가 중요하다는 것을 뼈저리게 느꼈다고 했습니다.

대부분의 직장인들은 너무나 겸손해서 자신의 '성공 스토리'를 만들고 PR하는 것을 부끄럽게 생각합니다. 하지만 이는 잘못된 생각입니다. 경력이 많을수록 가장 확실히 자신의 가치를 보여주는 방법은 자신의 성공 스토리를 홍보하는 것입니다.

평상시에 자신의 실적이나 성공사례에 대해 많은 사람들과 대화를 나누는 것이 중요합니다. 이러한 과정을 통해 자신이 생각하는 것이 실제 시장가치를 지닌 성공 사례인지 검증받을 수 있으니까요. 때문에 몸값을 높이기 위해서는 경력관리를 잘해야 합니다. 틈틈이 신문을 보며 유용한 기사는 스크랩하는 등 모든 정보를 활용할 줄 알아야 합니다.

요즘 경력관리 방법에 대한 책들이 많이 나와 있습니다. 그런 책들을 살펴보면 참고가 될 것입니다. 그러나 중요한 것은 많은 지식과 정보를 자신의 것으로 만드는 과정입니다.

어느 신문에서 읽은 기사가 생각납니다.

"직업을 갖는다는 것은 인간으로서 살아가는 삶의 일부이다. 경력관리는 이러한 삶을 어떻게 영위할 것인가 하는 방법론에 대한 문제이다."

고도로 전문화되고 첨단화된 사회에서 성공이라는 진주를

캐내기 위해서는 남다른 노력이 뒷받침되어야 합니다. 우선 자기 자신에 대한 객관적인 분석이 무엇보다 필요합니다. 현재의 자신을 객관적으로 평가 분석한 후에야 명확한 비전을 설계할 수 있습니다. 또 그 비전에 맞는 올바른 실천 계획을 수립해야 합니다. 명확한 비전과 실천 계획에 꼭 이루고자 하는 열정이 더해진다면 결국 성공은 자신의 것이 될 것입니다.

저 멀리서 성공이 여러분을 향해 빛을 발하고 있습니다. 그 빛에 가 닿기 위해서는 지금 당장 자신의 성공 스토리를 만드는 데 투자해야 합니다. 진정한 프로의 세계에서는 오직 실력으로 승부하는 길밖에 없기 때문입니다.

여러분, 성공 스토리를 만들어보세요.
큰 성공을 이루기 위해서는 먼저 작은 성공부터 이루어야 합니다.
그래야 자신감을 가질 수 있고
그 자신감을 바탕으로 더 큰 성공을 이룰 수 있습니다.
남다른 전문성을 확보하고
그 전문성을 남에게 드러낼 수 있어야 합니다.
여러분이 닮고 싶은 멘토를 만나야 합니다.
멘토보다 더 좋은 스승은 없습니다.
거기에다 상대방이 기대하는 것보다 더 높은 가치를 제공한다면
이보다 더 좋은 성공 스토리는 없을 것입니다.
한 단 한 단 성공 스토리를 쌓아가다 보면
어느 순간 정상에 서 있는 자신을 발견하게 될 것입니다.

내가 하고 싶은 일
먼저 선택하기

사람들은 직업을 구하기에 앞서 기업을 먼저 선택하는 경향이 짙습니다. 정작 자신이 원하는 직업은 다른 분야지만 일단 대기업에 입사하고 보자는 식입니다. 다른 사람들에게 번듯한 명함을 내밀 수도 있을 뿐 아니라 연봉과 혜택도 좋기 때문입니다.

　인생은 우리가 생각하는 것보다 훨씬 깁니다. 보다 멀리 인생을 내다보는 지혜를 갖춰야 합니다. 지금 당장은 자신이 원하는 분야나 적성에 맞지 않아도 회사 규모만 믿고 다닐 수 있습니다. 그러나 단지 회사에 다니는 이유가 돈벌이나 생계유지 수단이라면 머지않아 회의감을 느낄 것입니다. 일에서 어떤 보람이나 즐거움을 찾을 수 없으니까요. 그러다 보면 자연스레 회사 규모는 작아도 적성에 맞는 일을 했으면 어땠을까, 하는 후회가

들 것입니다.

회사를 고르기보다 적성에 맞는 직종을 선택했더라면 좋은 경험을 쌓는 시간이 되었을 것입니다. 비록 대기업만큼의 좋은 혜택은 없을지라도 미래를 생각하면 충분히 감내할 수 있습니다. 경쟁력을 갖추면 얼마든지 자신이 원하는 기업으로 옮겨갈 수 있습니다. 능력 있는 사람을 그냥 지켜보고 있는 기업은 없습니다.

뿌리가 약한 나무는 거친 바람에 쓰러지고 맙니다. 그렇듯이 자신이 원하는 분야가 아닌 다른 분야에서 활동하고 있다면 언제 쓰러질지 모르는 나무와 같습니다.

"기업을 고르지 말고, 직종을 먼저 선택하는 것이 무엇보다 중요합니다."

대기업의 인사담당 임원과 헤드 헌팅 실무자, 여러 대학의 취업정보센터 책임자 등 전문가들의 조언입니다.

요즈음 취업하기가 밤하늘에 별 따기보다 더 어렵습니다. 그렇기 때문에 작은 기업에서 경험을 쌓는 것이 중요합니다.

앞으로 기업의 채용구조가 신입 위주가 아닌 경력 위주로 바뀌는 만큼 해당분야에서 경력을 쌓고 두각을 나타내는 것이, 앞으로의 진로에 큰 비중을 차지한다고 해도 과언이 아닙니다. 해당분야에서 경력을 쌓고 인정을 받는다면 앞으로 얼마든지 자신이 원하는 기업으로 스카우트되거나 이직할 기회는 많습니다.

중국의 대나무는 땅 속에서 5년 동안 자란다고 합니다. 단

인생은 긴 여행과도 같습니다. 급한 마음으로 목적지를 향해 뛰어가기보다 천천히 한 걸음 한 걸음 내딛는 여유를 가져야 합니다. 급한 마음으로 뛰어간다면 주변의 아름다운 경치를 볼 틈도 없습니다. 급기야 목적지에 도착하기도 전에 쓰러지고 말 것입니다.

하루라도 물과 거름을 주지 않으면 땅 속에서 말라 죽는다는 것입니다. 하지만 일단 대나무 싹이 지상으로 올라오면 6주 만에 27미터라는 놀라운 속도로 자랍니다. 여러분, 이 대나무가 5년 동안 자란 걸까요? 아니면 6주 만에 자란 걸까요? 당연히 5년 동안 자란 결과입니다.

지금 당장 어떤 결과가 없더라도 꾸준히 해나가는 의지를 잃지 말아야 합니다. 중국의 대나무처럼 싹이 나오는 순간 놀라운 속도로 결과가 나타나기 때문입니다.

내가 아는 사람 중에는 헤드 헌팅 업체에 근무하는 김지영 팀장이 있습니다.

그녀는 좋은 기업에 들어가려고 안간힘을 쓰기보다는 작지만 내실 있는 곳에서 열심히 경력을 쌓는 것이 더 빠를 수 있다고 말합니다. 또 처음에는 초라하지만 차츰 경험을 쌓아 천천히 원하는 기업으로 눈높이를 높이는 것이 중요하다고 덧붙였습니다.

"요즘 외국계 기업을 포함해 내실 있는 기업들은 현장 경험이 있는 경력사원을 상당히 선호하는 추세입니다. 또한 이런 경력 사원들이 장차 간부로 성장할 가능성도 크다고 말할 수 있습니다."

지금처럼 경력을 중요시하는 시기에는 내세울 만한 기술이 없는 인문계 출신 대졸자들이 가장 막막한 현실입니다. 그렇다고 해서 낙심만 해선 안 됩니다. 신체의 약한 부분을 운동으로 튼튼하게 단련시키듯이 영업직 같은 곳에서 경력을 쌓으면 큰 도움이 됩니다. 경력도 쌓고 인생의 훈련기회도 되고 일석이조가 될 수도 있다는 점을 잊지 말아야 합니다.

내가 만나본 채용 현장의 모든 전문가들은 이렇게 말합니다.

"요즘처럼 극심한 취업난에도 인력난에 허덕이는 중소기업이 의외로 많습니다. 오히려 처음부터 욕심을 내지 말고 자신에게 투자한다는 생각으로 중소기업에서 경력을 쌓는 것이 중요합니다."

무엇보다 기업에 입사했으면 직종이 마음에 들지 않더라도 최선을 다해 능력을 보여주는 것이 중요합니다. 회사에 한번 능력을 인정받고 나서 자신이 원하는 쪽으로 서서히 시선을 돌리면 되기 때문입니다.

인생은 긴 여행과도 같습니다. 목적지를 향해 급히 뛰어가기보다 천천히 한 걸음 한 걸음 내딛는 여유를 가져야 합니다. 급한 마음으로 뛰어간다면 주변의 아름다운 경치를 볼 틈도 없습니다. 급기야 목적지에 도착하기도 전에 쓰러지고 말 것입니다.

반대로 여유를 가진다면 주변의 경치도 음미하며 사색의 즐거움까지 누릴 수 있습니다. 뿐만 아니라 목적지까지 좀 더 쉽고 빠르게 갈 수 있는 더 좋은 방법도 생각해볼 수 있을 것입니다.

자신이 어떤 일을 원하는지 분명하게 알고 있다면 기업은 그리 중요하지 않습니다. 먼저 작은 기업에서 산을 오르듯이 천천히 경험을 쌓는 것이 좋습니다. 결국 나중에 산 정상에 오른 사람은 호흡을 골라가며 천천히 산행을 했던 사람입니다.

높은 산도 천천히 오르다 보면
어느새 정상에 도달해 있는 자신을 보게 됩니다.
이와 마찬가지로 무턱대고 대기업에 지원하기보다
작은 기업에서 경력을 쌓는 것이 중요합니다.
당장 눈앞의 이익보다 미래를 위해
자신에게 꼭 필요한 실력을 갖추어야 합니다.
비록 남들보다 늦은 출발일지라도
이런 사람이 누구보다 먼저 결승점에 도착할 것이기 때문입니다.
신발 끈을 단단히 묶지 않으면 얼마 못 가서 주저앉고 맙니다.
마찬가지로 자신에게 맞는 실력을 갖출 때
원하는 곳에서 능력을 마음껏 펼칠 수 있습니다.

나는 이 일이 좋습니다

대부분의 사람들은 지식이 많아야 성공할 수 있다고 생각합니다. 그러나 무조건 지식만 많다고 성공하는 것은 아닙니다. 자신이 지니고 있는 지식을 어떻게 활용하느냐가 중요합니다.

예나 지금이나 성공을 이룰 수 있는 기초는 지식이 아니라 명확한 목표와 꿈, 열정입니다. 다만 지식은 성공으로 가는 데 도움을 줄 뿐입니다.

성공학의 거장 나폴레온 힐은 14년간 1만 6,000명 이상의 사람들을 조사·분석했습니다. 그 과정에서 그는 매우 흥미로운 사실들을 발견했습니다. 그가 분석한 대상 1만 6,000명 중 95%가 실패자였고, 단지 5%만이 성공한 사람들이라는 것입니다.

가장 놀라운 사실은 실패자로 분류된 95%의 사람들에게는

명확한 인생 목표가 없었다는 것입니다. 성공한 5%만이 명확한 목표를 세웠을 뿐만 아니라 그들은 그 목표를 이루기 위한 세밀한 계획까지 준비하고 있었습니다.

이 분석에서 우리가 눈여겨보아야 할 것은 무엇일까요? 실패한 사람들은 자신이 좋아하지 않는 일을 하고 있었습니다. 반대로 성공한 사람들은 진정으로 자신이 좋아하는 일을 하고 있었다는 것입니다.

취미를 제2의 직업으로 삼은 프로게이머 매니저인 김양중 씨를 소개하겠습니다.

김양중 씨는 중소기업에서 근무했지만 일이 적성에 맞지 않았습니다. 그래서 퇴근 후 심심풀이로 PC방에 들르곤 했습니다.

어느 날 그는 PC방에서 새 직업을 찾아야겠다고 결심했습니다. 그는 1998년 유행했던 게임 '스타크래프트'에 빠져 시간이 날 때면 PC방으로 달려갔습니다. 그곳에서 현재 그가 매니저를 맡고 있는 프로게이머 임요환 씨를 만났습니다.

처음에는 그저 게임을 잘하는 고등학생 정도로 여기고 친하게 지냈습니다. 하지만 어느 순간 평소 눈여겨본 그가 대회에 나가서도 우승할 수 있다는 생각이 들었습니다. 그리고 그는 임요환 씨의 매니저가 되기로 결심했습니다.

"처음엔 임요환 선수에게 밥을 사주면서 게임하는 법을 배웠어요. 그냥 따뜻한 형 노릇을 한 거죠. 그런데 1998년 SBS에서 멀티게

임챔피언십을 개최한다는 소식을 듣고, 출전해보자고 임 선수에게 제의했어요. 물론 처음엔 임 선수는 거절했죠. 하지만 제가 PC방에서 머물지 말고 넓은 세상으로 가보자며 설득했어요. 임 선수는 대회 1위를 했고, 프로게이머가 되는 발판을 마련했습니다. 저도 직장을 그만두고 임 선수의 매니저로 나섰습니다. 아직 시장이 활성화되지 않아 월급은 그리 많지 않지만 앞으로는 달라질 겁니다. 무엇보다 중요한 건 이 일이 너무나 즐겁고 행복하다는 것입니다."

자신이 진정으로 좋아하는 일을 하는 사람들에게 인생은 신이 준 선물입니다. 이런 사람들은 시간이 흐를수록 발전적인 인생을 살게 됩니다. 일 자체가 즐겁다 보니 절로 업그레이드되기 때문입니다.

지금 이 시대는 진정한 프로들만 살아남는 무한경쟁의 세계입니다. 해보지도 않고 고민하고 좌절하기보다 열정적으로 자신이 좋아하는 일에 도전해보십시오. 열정은 어떠한 시련도 거뜬히 이겨낼 수 있는 강력한 에너지를 지니고 있습니다.

사람들은 누구나 남보다 월등하게 잘할 수 있는 일을 한 가지씩 가지고 태어납니다. 다만 그 일이 무엇인지 찾아서 '할 수 있다'는 강한 믿음을 가지고 전력투구할 때 성공이라는 정상에 오를 수 있습니다.

주위에 음식 솜씨가 요리사 뺨치는 친구가 있습니다. 그 친구는 한식, 양식 등 웬만한 요리는 다 소화해낼 수 있습니다. 한

달에도 몇 번 주말에 친구들을 집으로 초대해 새로 개발한 요리 솜씨를 선보입니다. 사실 그 친구가 처음부터 요리에 일가견이 있었던 것은 아니었습니다. 그는 학창시절부터 결혼 전까지 오랫동안 자취생활을 했지만 줄곧 라면과 같은 인스턴트 식품만 먹곤 했습니다.

그런데 어느 날 몸이 좋지 않아 병원에서 검사를 받았는데 영양실조에 걸린 것을 알게 되었습니다. 그때부터 그 친구는 건강을 챙겨야겠다고 결심하고 요리에 관한 책을 탐독하기 시작했습니다. 집에서 손수 다양한 요리를 해가면서 실력을 쌓았던 것입니다. 그는 '아빠 요리사'로 소문이 자자합니다. 지금은 음식점을 차리기 위해 전문 요리학원을 다니며 바쁘게 시간을 보내고 했습니다.

그 친구는 항상 웃는 얼굴을 하고 있습니다. 그래서 그를 만나 대화를 하다 보면 나도 모르게 덩달아 웃게 됩니다. 이는 그 친구를 만나본 다른 사람들도 마찬가지일 것입니다. 그에게는 다른 사람에게 없는 강한 열정과 에너지가 있습니다. 때문에 다른 사람들까지 그의 열정을 느끼며 행복해지는 것입니다.

뭔가 흥얼거리며 분주하게 손을 놀리며 요리하는 그의 뒷모습을 보고 있노라면, 그는 이 세상 누구보다 행복해 보입니다. 그 친구처럼 자신이 좋아하는 일을 하는 사람보다 더 행복한 사람은 없습니다.

우리의 인생은 길어봐야 백 년도 채 되지 못합니다. 자신이 원치 않는 일을 하며 고통 속에서 사는 것보다 비록 시련은 따르겠지만 진정 원하는 일을 하는 것이 더 행복할 것입니다. 뿐만 아니라 좋아하는 일을 하면 에너지가 넘칩니다. 그러니 원치 않는 일을 할 때보다 그만큼 성공하기 쉽습니다.

무엇보다 먼 훗날 인생을 되돌아볼 때 후회가 아닌 행복한 미소를 지을 수 있을 것입니다.

> 진정으로 성공하고 싶다면
> 자신이 좋아하는 일을 해야 합니다.
> 진정으로 좋아하는 일을 하면
> 지루하다는 생각이 파고들 틈이 없습니다.
> 또한 열정과 노력으로 그 일을 할 것이고
> 일에 대해선 그 누구보다 잘 알 것입니다.
> 그렇기 때문에 성공할 확률은 당연히 높아질 테지요.

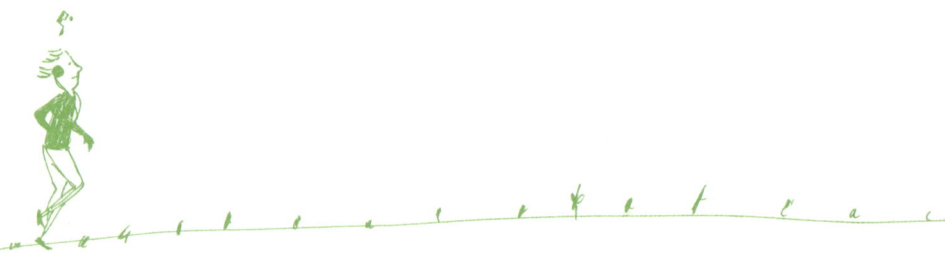

이 일이라면 자신 있어

사람은 자신이 가장 잘할 수 있는 분야의 일을 해야 합니다. 좋아하지 않는 분야의 일을 하게 되면 그저 '시간 때우기 식'으로 어떤 발전도 기대할 수 없을 것입니다.

나는 꿈과 열정, 자신이 원하는 일을 하라는 말을 자주 하곤 합니다. 지금껏 성공한 사람들의 삶을 살펴보면서 그들은 하나같이 자신이 좋아하는 일을 했음을 알 수 있었습니다.

현재 일간지 광고영업 분야에서 두각을 나타내고 있는 한 사람은 이렇게 말합니다.

"일이 너무 재미있어서 시간 가는 줄 모르겠어요. 꿈속에서도 광고영업을 하러 다니곤 해요."

자신이 하고 싶은 일은 전공과 전혀 무관하지 않습니다. 전공은 자신이 좋아해서 선택했던 분야이기 때문입니다.

"평생 사업을 하려면 전문분야와 전공을 살려라."

이런 말이 직장인들 사이에 공감을 얻고 있습니다. 또한 최근에는 투잡스 족이 늘어나고 있습니다. 낮에는 넥타이를 매고 회사에서 일하고, 밤에는 전공을 살려 자신의 커피전문점이나 과외, 영업 등으로 수입을 늘리려는 사람들의 모습. 이것은 수도권에서는 드물지 않은 또 다른 직장인들의 생존 방식으로 자리 잡았습니다.

자신의 전문성과 적성을 잘 살릴 수 있는 아이템을 골라 창업하는 직장인도 많습니다. 이른바 '커리어 창업'입니다. 무작정 돈을 쫓기보다는 좋아하는 일을 하며 돈도 벌 수 있고 전문성을 살릴 수 있기 때문입니다.

이렇게 전공을 살려 원하는 일을 하면 스스로의 자부심과 만족도도 높아 리스크를 줄일 수 있습니다. 그렇기 때문에 성공할 확률도 높아지는 것입니다.

몇 가지 성공 사례를 예로 들어보겠습니다.

서울 역삼동에 '트리카 모발관리센터'를 오픈한 김 사장은 전공을 살린 경우입니다. 헤어디자이너 경력이 10년인 그는 '이 일이라면 자신이 있다'는 생각이 들어 창업을 결심했습니다. 그가 하고 있는 모발관리센터는 지금은 먼 곳에서 소문을 듣고 사람들이 찾아올 정도로 성황입니다.

장현구 씨는 서울 대치동에 '해초의 꿈'이라는 해초요리 전문점을 차렸습니다. 그는 전 세계를 돌면서 다양한 문화를 체험해보고 싶어 첫 직장으로 여행사를 입사했습니다.

해외 리조트 담당으로 현지에서 관광객들의 숙식을 책임지면서 수많은 외국 음식을 맛보았습니다. 직장생활을 5년쯤 하자 독립하고 싶다는 생각이 들기 시작했습니다. 그래서 많은 생각 끝에 '해초의 꿈'이라는 외식업에 뛰어든 것입니다.

이렇듯 자신이 원하는 분야에서 전공을 살리는 것이 무엇보다 중요합니다. 마음이 끌리지 않는 일을 할 때보다 실패할 확률이 현저히 줄어들고, 그러다 보니 그만큼 성공할 확률이 높아지는 것입니다.

성공하기 위해서는 자신의 일을 좋아하거나, 좋아하는 일을 직업으로 삼아야 합니다. 그래야만 일과 한 몸이 될 수 있습니다. 일과 호흡이 맞지 않는다면 결코 정상에 오를 수 없을 것입니다.

자신이 하고 있는 일이 썩 마음에 들지 않는데도 애정을 느끼는 것은 좀처럼 쉽지 않습니다. 마치 싫은 사람을 억지로 좋아하는 것과 마찬가지일 테지요. 그러나 정작 자신이 좋아하는 일을 한다면 어떨까요? 누가 일을 못하게 말리거나 방해한다 해도 그 일에 매달릴 것입니다. 그 일 자체가 놀이처럼 즐겁기 때문입니다.

아직 잘 이해가 되지 않는다면 누군가를 사랑할 때를 떠올려보세요.

좋아하는 이성으로부터 여러 번 거절당했으면서도 전혀 수치스럽지 않았던 기억이 있을 것입니다. 그렇습니다. 너무나 좋아하니까 수치스럽다는 생각보다는 '단 한 번만이라도 만나고 싶다' '보고 싶다'는 욕구가 강했기 때문입니다.

사람들은 누구나 자신이 하고 싶은 일을 해야 합니다. 그래야 즐겁게 그 일에 매진할 수 있고, 그 누구보다 그 일에 대해 전문가가 될 것입니다. 전문가가 된다는 것은 그 분야에서 최고가 될 수 있다는 뜻이기도 합니다.

요즘 위기의식을 느낀 직장인들 사이에 이런 말이 유행처럼 번지고 있습니다.

"내가 하고 싶은 일을 할 거야."

"내 전공을 살리고 싶어."

이 글을 읽고 있는 여러분 중에도 이런 말을 습관처럼 하는 사람이 있을지도 모르겠습니다. 이런 마음은 밀어내지 말고 자연스럽게 받아들여야 합니다. 그리고 5년 후, 10년 후의 자신의 모습을 내다보아야 합니다. 만약에 미래의 모습이 암울하다면 결단해야 합니다.

좋아하는 일을 하는 사람이 성공하기 쉬운 다섯 가지 이유를 들어보겠습니다.

첫째, 열정이 넘친다.

좋아하는 일을 하면 마음이 두근거리고 열정이 넘칩니다. 아무리 오랜 시간 일해도 지치지 않습니다. 그리고 일에 대한 집중력이 높아져 능률이 오릅니다. 자연히 업무적인 발전을 꾀할 수 있습니다.

둘째, 천부적인 재능이 발휘된다.

좋아하는 일을 하면 평소 자신이 알지 못했던 잠재된 재능을 발휘할 수 있습니다. 그 재능은 시간이 지나면서 저절로 몇 배로 업그레이드됩니다. 또한 재능이 아이디어와 합쳐져 누구도 상상하지 못했던 능력을 발휘하게 됩니다.

셋째, 행복과 마음의 평안을 느낀다.

좋아하는 일을 하는 사람은 행복한 표정을 짓고 있습니다. 언제나 활력이 넘치고 여유가 있습니다. 또한 그들은 모두 한 목소리로 일이 재미있다고 말합니다. 일이 노동으로 느껴지지 않고 즐거운 놀이로 여겨진다면 행복해지는 건 당연할 것입니다.

이런 사람은 지나간 과거에 얽매여 현재를 허비하지 않습니다. 뿐만 아니라 아직 일어나지 않은 걱정들을 앞세워 미래를 불안해하지 않습니다.

넷째, 주변 사람들로부터 응원을 받는다.

좋아하는 사람들 곁에 사람들이 모여들게 마련입니다. 누구나 항상 행복한 모습으로 즐겁게 사는 사람을 좋아합니다. 무엇보다 즐겁게 일하는 모습은 많은 사람들에게 큰 매력으로 다가갑니다. 그런 사람과 함께 있으면 자신도 덩달아 행복해지기 때문입니다.

좋아하는 일을 하는 사람을 보면 언제나 자신감이 넘칩니다. 대부분의 사람들은 기회가 된다면 이런 사람을 도와주고 싶어 합니다.

다섯째, 돈이 모여든다.

좋아하는 일을 하면 저절로 돈이 모여들게 마련입니다. 좋아하는 일인 만큼 그 누구보다 꼼꼼하고 완벽하게 해냅니다. 이런 모습은 사람들에게 신뢰감을 줍니다. 이런 신뢰감은 사람들이 스스로 찾아오게끔 합니다.

일본에서만 120만여 부가 팔린 '행복한 부자' 시리즈의 저자 혼다 겐은 얼마 전 서울에서 한국 독자 200여 명을 대상으로 행복한 부자가 되는 법에 대해 강의했습니다.

이날 그는 사람들에게 "부자가 되려면 자신이 좋아하는 일을 하라"고 강조했습니다. 자신이 좋아하는 일을 하는 것이 성공에 이르는 비결입니다. 그는 또 "대부분은 자신이 무엇을 좋아하는지를 잘 모르고 종종 잘하는 일과 좋아하는 일을 혼동 한다"고 말했습니다.

지금 하고 있는 일에 집중하지 못하거나 자꾸만 딴 곳을 기웃거리는 사람들은 혼다 겐의 이 말을 곰곰이 생각해보아야 합니다. 전공도 살리고 좋아하는 일을 찾는 것, 어쩌면 인생에서 이보다 더 중요한 일도 없을 것입니다.

성공한 사람들은 자신이 어떤 일을 원하는지 알고 있었습니

다. 그리고 그들은 자신이 좋아하는 일을 하며 인생이 주는 진
정한 행복과 마음의 평안을 느낍니다.

일이 재미있는 사람들은 이렇게 말합니다.
"나는 이 일이 너무 재밌어."
"시간이 벌써 이렇게 됐네."
마음이 일에 흠뻑 빠졌을 때
어떤 생각도 들지 않습니다.
오로지 그 일에 대해서만 집중하게 됩니다.
그러다 보면 자연히 일에 대한
전문성과 발전을 꾀할 수 있습니다.
무엇보다 자신이 좋아하는 일을 할 때
열정이 샘솟듯이 솟아납니다.
또한 자부심과 만족을 느낄 수 있을 뿐 아니라
진정 자신이 살아 있음을 느낄 수 있습니다.

행복한 취미에서
유익한 직업으로

취미생활을 하지 않는 사람은 거의 없습니다. 취미라고 해서 꼭 거창한 것을 의미하는 것은 아닙니다. 산을 좋아하는 사람은 등산을, 사진 찍기를 좋아하는 사람은 여행 다니기를 좋아할 것입니다. 또 인터넷 동호회 같은 모임에서 활동하는 것을 취미로 생각하는 사람도 있을 것입니다.

요즘은 자신이 좋아서 하는 취미 생활을 직업으로 전환시킨 사람들도 적지 않습니다. 설문조사에서 직장인 89%가 직장 내 스트레스로 인한 고통을 호소하는 현실에서, 어떤 이는 이렇게 반문할지도 모릅니다.

"요즘처럼 취업이 어려운 세상에 어떻게 취미생활을 직업으로 바꿀 수 있어?"

그러나 나의 대답은 그렇지 않다는 것입니다. 최근에는 자신

의 취미를 직업으로 연결시켜 일하면서 오히려 즐거움을 찾은 행복한 직장인들이 참 많기 때문입니다.

내가 만나본 사람들 중에는 인터넷상에서 S사 전자제품 인터넷 동호회의 열성 회원으로 활동하다 지난해 입사한 사람도 있었습니다. 그는 다른 기업의 제품에 비해 저렴한 가격과 편리한 A/S 때문에 S사의 제품을 구입했습니다. 그 후 사용자 동호회 모임에 가입했고 '하늘호수'라는 ID로 활동을 시작했습니다.

문답 게시판에는 하루도 거르지 않고 답글을 달았습니다. 또한 오프라인 정기 모임에도 참석했습니다. 그런 연유로 그는 S사의 직원들과 친분을 쌓게 되었습니다. 그러던 중 무직 상태에 있던 그에게 S사 인사부에서 면접을 보지 않겠냐는 연락이 왔던 것입니다.

입사 후 그는 나에게 이렇게 소감을 말했습니다.

"전자제품에 푹 빠져 있었던 게 취업으로까지 연결될 줄 몰랐어요."

현재 그는 고객 게시판 관리, 고객 교육 등 고객들을 지원하는 부서에서 근무하고 있습니다.

또 한 사람, 최정현 씨의 대학 전공은 화학이었습니다. 그는 평소에 전공과는 무관한 분야인 플래시를 만들어 홈페이지를 꾸미는 일을 좋아했습니다. 좋아하다 보니 플래시를 만드는 능력도 전문가 못지않았습니다. 그래서 친구들의 홈페이지를 도

맡아 꾸며주곤 했습니다.

최씨는 독학으로 플래시와 홈페이지 제작 등을 공부하기 시작했습니다. 회원들을 모아놓고 홈페이지 제작 강좌까지 할 정도로 실력을 인정받았습니다. 그러던 중 어느 포털 사이트의 제의를 받아 '액션 스크립터' 라는 직업으로 일하고 있습니다. 그는 쌍방향 플래시 배너 광고의 스크립트를 만드는 일을 합니다.

지금 우리는 한 가지만 뛰어나게 잘하면 인정받는 시대에 살고 있습니다. 아직까지 자신이 원하는 일을 찾지 못한 사람이 있다면 취미생활을 직업으로 전환시켜보십시오. 그동안 느껴보지 못했던 일에 대한 열정과 즐거움을 느낄 수 있을 것입니다.

내가 아는 선배 중에 스포츠 용품 전문업체에서 마케팅 업무를 맡고 있는 사람이 있습니다. 어릴 적부터 운동을 좋아한 그는 대학에서 체육교육학을 전공했습니다. 그는 주위 사람들에게 만능 스포츠맨으로 통했습니다.

그는 스키, 스노보드, 테니스, 수영, 배구, 골프 등 못하는 스포츠가 없었습니다. 또한 새로운 스포츠가 유행하면 바로 배우는 남다른 열정도 갖췄습니다. 현재의 직업도 스포츠 트렌드와 신상품을 가장 먼저 접하고 직접 사용할 수 있다는 매력에 이끌려 선택했을 정도였습니다.

그 선배는 가장 마음에 드는 점은 운동복이나 스포츠 패션 차림으로 출근할 수 있다는 것이라고 말했습니다.

일이 행복하냐고 묻는 나에게 그는 환하게 웃으며 말했습니다.

"내가 가장 좋아하는 스포츠가 단순히 즐기는 것 자체로 끝나지 않고 업무와 연장될 수 있다는 것이 무엇보다 행복해."

사람은 누구나 자신이 가장 좋아하는 분야의 취미를 가지고 있습니다. 때문에 취미가 직업이 된다면 어떤 일보다 능력을 십분 발휘할 수 있습니다. 또한 그동안의 삶은 무료하고 힘들었지만 앞으로의 삶은 '이보다 더 행복할 수 없다'는 생각이 들 만큼 즐거울 것입니다. 무엇보다 취미가 직업이 되었을 때 그 분야에서 전문가 내지 최고가 될 수 있습니다.

취미생활은 자신이 좋아하는 일입니다.
그 어떤 일보다 좋아하고 자신감이 있습니다.
그렇다면 이 취미생활을 직업으로 전환시켜보면 어떨까요?
자신의 모든 역량을 쏟아 부을 수 있을 것입니다.
또한 일이 얼마나 즐거운 놀이인지 깨닫게 될 것입니다.
마음을 쏙 빼앗길 만큼 즐거운 일이라면
그만큼 능력 또한 인정받기 쉬울 것입니다.
성공한 사람들은 모두가 일을 괴로운 노동이기보다
세상에서 가장 즐거운 놀이로 생각했습니다.
여러분, 자신이 좋아하는 일을
굳이 멀리서 찾을 필요는 없습니다.
조금만 시선을 돌려보면 쉽게 찾을 수 있습니다.
여러분은 자신이 어떤 일을 좋아하고
가장 잘할 수 있는지 잘 알고 있습니다.

내 눈높이에서
다시 찾은 일

모두들 간절히 행복을 원합니다. 하지만 대부분의 사람들은 행복은 마음속에 있다는 것을 알지 못합니다. 그래서 명문대학을 졸업하고 남들이 인정하는 기업에서 일하면 행복해질 거라고 믿는 것입니다.

그런데 이상하게도 남들보다 앞서 나가는 이의 모습을 보면 그리 행복해 보이지 않습니다. 오히려 그들의 얼굴은 경직되어 있고 무언가에 쫓기는 듯합니다. 이것은 돈이나 명예, 권력을 가질 때 비로소 행복해진다고 믿는 사람들의 공통점입니다.

그렇다 보니 언제부턴가 함께 입사한 동료가 경쟁자로 느껴지고, 치고 올라오는 부하직원들 때문에 항상 불안합니다. 또한 상사를 앞지르려는 조급함에 인생에서 가장 소중한 것을 차츰 잃어갑니다. 그것은 바로 가족과 친구, 일상에서의 여유입니다.

무엇보다 일에 파묻혀 사니 건강이 좋을 리 없을 테지요.

행복을 돈과 명예와 권력에서 찾는 사람은 결코 행복을 느낄 수 없습니다. 오히려 더 많은 돈과 큰 명예와 권력을 위해 더 많은 시간이 필요해질 것이기 때문입니다. 결국 쳇바퀴 돌아가듯 불행한 삶이 이어질 것입니다.

가끔 남들이 부러워할 만한 성공을 이룬 사람들 중에 전혀 행복하지 않은 사람도 있습니다. 그들의 모습에선 편안함보다 오히려 불행의 그림자를 발견하게 됩니다. 그들을 깊이 들여다보면 꿈을 이루기 위해 자신의 가장 소중한 것을 희생했다는 것을 알 수 있습니다. 가정이 화목하지 않거나 건강이 악화된 사람도 있고, 그동안 꿈에만 집착한 나머지 소중한 친구들을 잃은 사람도 있습니다.

진정한 성공은 그것을 이루었을 때 행복해야 합니다. 또한 그 성공을 다른 누군가와 더불어 누릴 수 있을 때 진정한 성공입니다.

자신이 원하지 않는 일을 하는 사람보다 더 불행한 사람은 없습니다. 가족의 생계나 돈 때문에 마지못해 일하는 것은 노예나 다름없습니다. 반대로 자신이 좋아할 뿐 아니라 적성에 맞는 일을 하는 사람은 행복한 사람입니다. 오히려 이런 사람은 일 속에서 즐거움을 느끼기에 절대 지루하거나 힘들지 않습니다. 때문에 저절로 일을 대하는 자신의 잠재력을 계발할 수 있습니다.

진정 행복하고 싶다면 적성에 맞는 일을 해야 합니다. 꼭 성공을 떠나 자신이 좋아하는 일을 한다는 그 자체로 행복하기 때문입니다.

고등학교 영어교사였던 서혜진 씨는 처음에는 의욕적으로 교사 생활을 시작했습니다. 남들은 교사직을 '안정적인 직업'이라며 부러워했습니다. 서씨의 주위에는 직장을 구하지 못해 집에서 빈둥거리며 시간을 보내는 친구들도 많았으니까요.

그러나 남들의 부러운 시선에도 정작 서씨에게는 매번 교실만 바뀌고 수업 내용을 되풀이해야 하는 '다람쥐 쳇바퀴 도는 식'의 학교생활이 마음에 들지 않았습니다. 아니 자신의 눈높이에 맞지 않았다고 해야 옳은 표현일 테지요.

'아무래도 교사직은 나에겐 맞지 않는 것 같아.'

1983년, 서씨는 과감하게 교사직을 그만두고, 30여 명의 입사동기와 함께 대기업에 입사했습니다. 평소에 자신이 원하는 일을 해야 행복할 수 있다고 믿었던 터라, 가슴속에선 새로운 희망이 움트기 시작했습니다.

서씨는 자부심이 넘쳐 열정적으로 일하며 기획실과 해외사업부, 영업부 등을 두루 거쳤습니다. 그녀는 여태껏 직장생활을 하면서 결근이나 지각, 생리휴가를 써본 적이 한 번도 없었습니다. 그녀는 힘들게 선택한 직장에서 성공하기 위해 최선을 다했습니다. 아이가 심하게 아픈 날에도 친정어머니에게 아이를 맡기고 직장으로 출근했을 정도였습니다. 뿐만 아니라 '여자이기 때문에'라는 고정관념을 없애기 위해 남들이 기피하는 야근도 마다하지 않았습니다.

"그렇게 치열하게 일하고 나니 더 이상 무서운 게 없더라구요."

그러나 이런 그녀에게도 위기가 없었던 것은 아니었습니다.

남자 직원들은 보통 3, 4년이 지나면 과장으로 승진했는데 서씨에게는 5년이 지나도 아무런 소식이 없었습니다. 남들 쉴 때 몇 배로 일했고, 야근까지 자청해 일했는데, '여자라는 이유'로 진급 소식이 없으니 불안한 마음이 들기 시작했습니다.

'내가 이런 조직에 계속 남아 있어야 할까?'

자신을 인정해주지 않는 회사에 사표를 내던지고 싶은 마음이 하루에도 수십 번 들었습니다. 그런데 갑자기 물류개선실로 발령이 났습니다. 영업에서 제대로 적응하지 못한 직원을 보낸다는 말이 나돌 만큼 모두가 기피하는 부서였습니다.

그녀는 발령 소식을 접하고, '사표를 내야겠다'고 마음을 굳혔습니다. 고심한 끝에 가족들에게 조심스럽게 이야기를 꺼냈습니다.

회사를 그만두겠다는 말을 듣고 있던 큰딸이 퉁명스럽게 말했습니다.

"절실히 엄마가 필요했던 어릴 때는 일에만 묻혀 사시다가, 내가 어른이 된 지금에서야 그만두시겠다고요? 일이 싫증 나서 돌아오시는 거예요? 아니면 가족을 위해 돌아오시는 거예요?"

큰딸의 말을 듣고 정신이 확 들었습니다. 그녀는 자신의 능력을 알아주지 않는 현실에서 도피하려던 마음을 버리고 다시 한 번 굳은 결심을 했습니다.

물류개선실로 와서 과장으로 승진했지만 그녀는 신입사원처럼 열심히 뛰어다녔습니다. 회식 자리에도 빠지지 않고 남자 직원들과 야근을 하며 함께 야식으로 라면을 끓여먹기도 했습니다. 시간이 지나면서 남자 직원들과 술을 마시며 때로 거친 말도 한두 마디 할 줄 알게 되었습니다.

몇 년 후 서씨는 부장으로 승진했습니다. 그리고 현재 서씨는 그 대기업의 첫 번째 여성 임원이 되었을 뿐만 아니라, 남자 임원 못지않은 리더십을 발휘하고 있습니다. 그녀는 여성이 중역의 자리에 오르기 위해서는 "뼈와 살을 깎는 인내가 필요하다"고 말합니다.

행복에 대해 칸트는 이렇게 말했습니다.

"행복의 원칙은 첫째 어떤 일을 할 것, 둘째 어떤 사람을 사랑할 것, 셋째 어떤 일에 희망을 가질 것이다."

칸트의 말처럼 적성에 맞는 일을 하면서 소중한 사람들과 희망을 잃지 않는 것이야말로 성공적인 삶이 아닐까 생각해봅니다.

일에서 만족과 행복을 느끼지 못한다면
그 일에서 어떤 가치도 느낄 수 없습니다.
스스로에 대해서도 부정적이고 비관적이게 됩니다.
사람은 자신이 하는 일에서 만족을 느낄 때
희망차고 긍정적인 생각을 하게 됩니다.
뿐만 아니라 인생이 주는 참 행복을
맛보게 되는 것입니다.
큰 욕심을 부리기보다
자신의 눈높이에 맞는 일을 해야 합니다.
그러할 때 몸과 마음과 생각이 한 곳에 집중됩니다.
어떤 어려움이 닥치더라도 포기하지 않고
거뜬히 이겨낼 수 있습니다.
반대로 눈높이에 맞지 않는 일을 한다면
작은 어려움에도 쉽게 포기하고 말 것입니다.

실패가 없으면
성공도 없다

바다 곳곳에는 암초가 숨어 있습니다. 노련한 경험과 지혜가 없다면 암초에 부딪혀 배는 침몰하고 말 것입니다. 인생은 바다와 같습니다. 우리가 꿈을 향해 나아가는 곳곳에 암초처럼 시련이 숨어 있습니다. 시련은 결정적인 순간에 우리 발목을 붙잡고 넘어뜨립니다.

레어 크록은 이렇게 말했습니다.

"성공은 실패의 가능성과 패배의 위험을 무릅쓰고 얻어야 한다. 위험이 없으면 성취의 보람도 없다."

많은 사람들이 성공을 간절히 원하지만 이루지 못하는 것은 시련 때문입니다. 시련은 실패에 대한 두려움을 안겨주고 도중에 포기하게 만듭니다.

성공이 값진 이유는 온갖 시련을 이겨냈기 때문입니다. 때로 시련은 절망을 안겨주고 헤어 나올 수 없는 슬픔을 가져다주기도 합니다. 대다수의 사람들이 성공을 향한 여정에서 발길을 돌리는 것은 시련을 극복하지 못했기 때문입니다. 생각처럼 쉽게 성취할 수 있다고 믿었던 성공 속에 전혀 예상하지 못했던 암초들이 불쑥 고개를 내밀 때마다 자신감을 잃었던 것입니다.

'그동안 회사에 얼마나 애정을 바쳤는데… 딴 사람도 아니고 왜 하필이면 나야?'

이 과장은 자신이 구조조정 대상이 되었다는 생각에 화가 치밀어 견딜 수 없었습니다.

회사에서 구조조정을 당하지 않았을 때까지만 해도 종종 같은 업종의 기업에서 더 나은 대우를 제시하며 스카우트 제의가 들어왔습니다. 하지만 그는 '좀 더 열심히 해서 여기서 인정받자'는 결심으로 제의를 거절했습니다. 평소에 그는 의리를 중요시하며 살아왔던 사람이었습니다.

이런 여유와 오기도 잠시 하루아침에 회사에서 쫓겨나자 이 과장의 생활은 모든 것이 달라졌습니다. 그를 자주 찾던 전화도 뜸해지고, 스카우트 제의를 했던 동종 업체에서는 모두들 이런저런 핑계로 만나기를 꺼려했던 것입니다.

그는 하는 수 없이 여러 군데 기업에 이력서를 내봤지만 모두 거절당했습니다. 그동안 회사에 바친 열정은 한줌의 재가 되었습니다.

위기는 피한다고 해서 피해지는 것이 아닙니다. 지금 당장은 위기를 모면할 수 있을지 몰라도 다시 눈앞에 나타날 것입니다. 그땐 지금보다 더 심각한 모습을 하고 있을 겁니다. 위기는 그냥 두면 시간이 지날수록 눈덩이처럼 불어납니다. 더욱 놀라운 것은 눈덩이로 불어나는 위기에 묻혀 여러분은 자신의 인생에서 주연이 아닌 조연으로 살아가게 된다는 것입니다.

그는 술로 하루하루를 견디고 있었습니다.

그는 가장 괴로운 것이 뭐냐고 묻는 말에 이렇게 말했습니다.

"가족들을 비롯해서 처가집 식구들을 볼 면목이 없어 죽고 싶은 마음뿐입니다. 무엇보다 그동안 내가 가정에 소홀해하면서 헌신했던 회사가 나를 버렸다는 데서 오는 분노를 참을 수 없어요."

이 과장은 불행의 원인을 회사에서 찾았습니다. 그랬기 때문에 시간이 지날수록 고통은 줄어들기는커녕 커졌던 것입니다. 만일 그가 평소에 구조조정이라는 상황을 예지했더라면 지금과 같은 힘든 현실을 피할 수 있었을 것입니다. 그가 평생직장이라는 생각으로 직장 생활을 했다는 데서 원인이 생겨났다고 볼 수 있습니다.

아무리 슬퍼하고 괴로워한다고 해서 상황은 저절로 다시 호전되지 않습니다. 처음 시작했을 때처럼 다시 돌파구를 찾을 때 상황은 반전되는 것입니다.

"가끔 실패하지 않는다면, 언제나 안이하게만 산다는 증거이다."

우디 알렌의 말처럼 위기는 다양한 모습으로 찾아옵니다. 그러나 위기가 찾아왔다는 것은 열심히 살았다는 뜻입니다. 그냥 별 생각 없이 대충 살았다면 위기 또한 없었을 테니까요.

인생을 살아가는 한 누구나 위기와 실패에 절망할 수 있습니다. 또 모든 사람이 쉽게 그것을 극복하지는 못합니다. 사람에 따라 위기를 피하려고만 하거나 더 쉬운 길로 돌아가려는 사람이 있습니다. 실패를 겪었다고 영원히 성공할 수 없다는 패배감에 사로잡혀 있는 사람도 있습니다.

위기는 피한다고 해서 피해지는 것이 아닙니다. 지금 당장은 위기를 모면할 수 있을지 몰라도 다시 눈앞에 나타날 것입니다. 그땐 지금보다 더 심각한 모습을 하고 있을 겁니다. 위기는 그냥 두면 시간이 지날수록 눈덩이처럼 불어납니다. 더욱 놀라운 것은 눈덩이로 불어나는 위기에 묻혀 여러분은 자신의 인생에서 주연이 아닌 조연으로 살아가게 된다는 것입니다.

실패도 마찬가지입니다. 실패를 영영 재기할 수 없는 패배로 여긴다면 정말 그렇게 될 것입니다. 하지만 실패를 부족한 자신에게 주는 채찍질처럼 긍정적으로 여긴다면 다시 시작할 수 있습니다. 뿐만 아니라 예전의 실패를 교훈 삼아 성공을 달성할 수 있을 것입니다. 모든 것은 생각하기에 달렸습니다. 실패를 채찍질로 생각한다면 더없이 좋은 공부가 될 것입니다.

위기는 가도 가도 끝이 안 보이는 캄캄한 동굴과 같습니다. 동굴 속에선 수만 마리의 박쥐들이 얼굴을 할퀴며 덤벼들 것입니다. 박쥐는 위기와 같습니다. 자꾸만 움츠러들면 더욱 자신감을 얻고 공격할 것입니다. 하지만 용기를 내어 눈부신 햇빛이 내리쬐는 동굴 밖으로 나오면 더 이상 박쥐들로부터 공격을 받는 일은 없습니다.

지금 위기에 빠져 있다면 잠시 길을 잃어 캄캄한 동굴에 갇혀 있다고 생각하십시오. 그리고 잠시 후면 동굴에서 빠져나갈 것이라고 스스로에게 말해보십시오. 무엇보다 여러분에게 고통을 안겨주는 시련을 성공을 향한 훈련이라고 생각하십시오. 그러할 때 위기는 위기로만 인식되지 않고 그 속에서 배움을 얻을 수 있습니다.

위기에서 탈출하는 데 도움이 될 만한 방법 몇 가지를 소개하겠습니다.

첫째, 문제의 원인을 자신의 내부 구조에서 발견해야 합니다.

자꾸만 외부환경에 눈을 돌리다 보면 실마리를 풀 수 있는 원인을 찾을 수 없습니다. 무엇보다 지금 자신이 겪고 있는 고통이 다른 사람에게서 비롯되었다는 생각을 버려야 합니다. 그보다 자신에게서 문제의 원인을 찾아야 합니다. 그래야 지금의 시련 속에서 미래의 밑거름을 발견할 수 있습니다.

둘째, 지난 과거에서 벗어날 줄 알아야 합니다.

현재까지 누리며 지니고 있었던 것을 잃어버렸다고 한탄하기보다 그것들은 원래 상태로 돌아갔다고 생각해야 합니다. 과거에서 벗어나야 현실에 충실할 수 있고, 새로운 마음으로 다시 시작할 수 있기 때문입니다.

셋째, 현재 자신이 가지고 있는 것에 초점을 맞추어야 합니다.

위기에 처했거나 절망에 빠진 사람들은 자신이 할 수 없는 것에 집착합니다. 그들의 마음속을 가득 채우는 것은 후회와 아쉬움, 고통, 분노뿐입니다. 자신이 할 수 있는 것에 마음을 집중해야 합니다. 돋보기로 한 곳에다 발화점을 맞추듯이 가능성 있는 일부터 다시 시작하십시오. 그래야 기회의 문은 열리기 시작합니다.

주위에는 위기에 빠져 고통 속에서
나날을 보내는 사람들이 많습니다.
이들 가운데 다시 일어서기 위해
안간힘을 쓰는 사람이 있는가 하면
매일 괴로움 속에서 술에 빠져 사는 사람도 있습니다.
그러나 지금 현실이 절망스럽다고 해서
세상이 끝난 것처럼 살아선 안 됩니다.
어두운 밤이 있으면 다시 환한 낮이 있듯이
위기는 기회로 반전되기 때문입니다.

칭기즈 칸 따라하기

"집안이 나쁘다고 탓하지 말라.

나는 아홉 살 때 아버지를 잃고 마을에서 쫓겨났다.

가난하다고 말하지 말라.

나는 들쥐를 잡아먹으며 연명했고,

목숨을 건 전쟁이 내 직업이고 내 일이었다.

작은 나라에서 태어났다고 말하지 말라.

그림자 말고는 친구도 없고 병사로만 10만.

백성은 어린애, 노인까지 합쳐 200만도 되지 않았다.

배운 게 없다고 힘이 없다고 탓하지 말라.

나는 내 이름도 쓸 줄 몰랐으나 남의 말에 귀 기울이면서

현명해지는 법을 배웠다.

너무 막막하다고, 그래서 포기해야겠다고 말하지 말라.

나는 목에 칼을 쓰고도 탈출했고,

빰에 화살을 맞고 죽었다 살아나기도 했다.

적은 밖에 있는 것이 아니라 내 안에 있었다.

나는 내게 거추장스러운 것은 깡그리 쓸어버렸다.

나를 극복하는 그 순간 나는 칭기즈 칸이 되었다."

칭기즈 칸은 기마병 중심의 탁월한 기동력으로 세계를 제패했습니다. 칭기즈 칸 군대는 항상 말안장 밑에 얇게 저민 양고기를 가지고 다녔다고 합니다. 들고 다니던 방패에 물을 붓고 주변에서 구해온 마른 풀잎이나 말똥에 불을 붙여 말안장에서 꺼낸 양고기를 익혀 먹으며 전쟁을 치렀습니다. 이런 강인한 정신력과 끈기가 있었기에 세계를 통일할 수 있었습니다.

내가 아는 한 여자분은 매일 새벽 4시에 일어나 2시간가량 우유를 돌리는 일을 하고 있습니다. 그리고 9시쯤에 신문사 광고영업 사원으로 출근을 합니다. 그녀는 비가 오나 눈이 오나 혹독한 추위에도 불구하고 단 하루도 거르지 않았습니다.

"내 한 몸 편하자고 쉬어버리면 수십 명의 사람들이 우유를 먹을 수 없죠. 매일 아침에 먹는 우유를 어느 순간 먹지 못한다면 얼마나 서운하겠습니까."

추위가 뼛속까지 파고드는 1월입니다. 새벽을 향해 달리고 있는 창 밖에는 겨울바람이 매섭게 불고 있습니다. 이런 살을 에는 추위에 누구든 새벽에 일어나고 싶지 않을 것입니다. 또한 일어났다가도 도로 따뜻한 이불 속으로 들어가고 싶을 것입니다.

하지만 그녀는 이 일을 10년간이나 하루도 거르지 않고 해왔습니다. 바로 끈기 하나로 견뎌낸 것입니다.

이런 명언이 있습니다.

"앞으로 한 자만 더 파면 나올 우물물을 파지 않고 근심만 하고 있다."

한 자만 더 파면 그토록 원했던 물이 펑펑 쏟아질 텐데 그만 도중에 포기해버리고 만다는 것입니다.

시작은 쉽게 하면서 끈기가 없어 도중에 단념해버리는 사람들이 많습니다. 그런 사람들은 대부분 시간이 흐른 후에 '계속해볼걸.' 하고 후회합니다. 그러나 그때는 아무리 후회해도 소용이 없습니다.

어떻게 하면 끈기를 잃어버리지 않을 수 있을까.

방법이 없는 것은 아닙니다. 그것은 초심(初心)을 잃지 않는 것입니다. 처음에 그 일을 시작하면서 가졌던 '간절한 마음'을 잃지 않는 것입니다. 처음 시작할 때의 열심인 모습을 잃지 않을 때 반드시 자신이 마음먹은 일을 성취할 수 있습니다.

목표를 향해 나아가다 보면 수많은 방해꾼들이 있습니다. 그들은 온갖 수단과 방법으로 우리의 초심을 흩트리려 합니다. 그럴 땐 처음 그 목표를 생각하며 다짐했던 마음을 떠올려보십시오. 그 목표를 생각하며 느꼈던 전율을 다시 떠올린다면 느슨해진 몸은 처음 그때처럼 다시 긴장될 것입니다.

단거리 달리기 선수처럼 항상 긴장해야 합니다. 이 긴장은 초조나 불안이 아닌 목표를 향한 열정으로 인해 생겨나는 것이어야 합니다. 그리고 훗날 목표를 이룬 자신의 모습을 상상해보십시오. 목표를 성취한 미래의 모습은 자꾸만 지쳐가는 우리에게 '할 수 있다' 는 자신감과 열정을 안겨줄 것입니다.

초심은 꿈을 이루는 데 꼭 필요한 '성공 비타민' 과도 같습니다. 우리에게는 이미 처음 성공 비타민이 있습니다. 이제 그것을 가지고 꿈을 향해 힘껏 달려 나가야 합니다. 많은 시련이 뒤따를 때마다 성공 비타민은 마법 같은 힘으로 우리를 도와줄 것입니다.

자신의 분야에서 성공한 사람들은
중도에 포기하지 않은 사람들입니다.
과정 속에 숱한 어려움이 따라도
끈기 하나로 견뎌낸 사람들입니다.
대부분의 사람들은 계획은 거창하지만
조금만 힘이 부치면 쉽게 포기하고 맙니다.
잊지 말아야 할 것은 그렇게 놓아버린 성공이
끈기 있는 누군가의 것이 된다는 점입니다.

꿈이 있는 사람은 당당하다

자신의 잘못을 인정하기란 말처럼 쉽지 않습니다. 괜스레 다른 사람들에게 책잡힌다는 생각이 들기 때문입니다. 이런 생각은 잘못을 인정하지 않고 변명의 기회를 찾으려 할 때 듭니다. 떳떳하게 잘못을 인정하고 용서를 구하는 사람은 오히려 당당합니다. 이런 사람은 자신의 잘못 속에서 교훈을 얻습니다. 때문에 감추려는 사람보다 더욱 앞서가게 마련입니다.

어디에서건 자신의 잘못을 인정하는 사람은 사랑받습니다. 이런 사람에게는 누구나 손을 내밀고 다시 기회를 줍니다. 반대로 자꾸만 핑계를 찾는 사람은 미움을 받습니다. 그러다 계속 그런 일이 재발하면 급기야 추방당하고 맙니다. 잘못을 떳떳하게 인정하는 마음속에는 다시는 똑같은 실수를 반복하지 않겠

다는 의지가 담겨 있습니다. 이런 사람에게 박수를 보내지 않을
사람은 없을 것입니다.

잘못을 인정하는 것은 자기 자신을 용서하는 일입니다. 자신
에게 사랑과 용서를 베풀지 못한다면 타인에게는 더더욱 관대
하지 못합니다. 우리는 때로 넘어지고 실수하면서 조금씩 위로
올라갑니다. 실수가 있기 때문에 발전할 수 있다는 것을 간과해
선 안 됩니다. 실수를 한다는 것은 행동으로 옮겼다는 뜻입니
다. 때문에 질책보다는 용서와 사랑을 받아 마땅합니다.

얼마 전 나는 가족들과 모처럼 외식을 나갔습니다. 잠시 후
여종업원이 주문한 음식을 들고 왔습니다. 하지만 우리가 주문
한 음식이 아니었습니다.

"우리가 주문한 메뉴가 아니군요. 확인해주시겠어요?"

내가 이렇게 말하자, 여종업원은 퉁명스러운 어조로 핑계를
대는 것이었습니다.

"제가 잘못 적었을 리가 없는데… 정말 이상하네. 그동안 한
번도 이런 일이 없었거든요."

그러더니 잠시 후 신경질적으로 한마디 했습니다.

"손님, 다음부터는 큰 소리로 말씀해주세요."

우리는 다시 주문한 메뉴가 나오기까지 십여 분을 기다려야
했습니다. 기다리는 동안 가족들의 원망은 이 식당에 오자고 추
천한 나에게 고스란히 돌아왔습니다. 그 여종업원이 실수를 떳

떳하게 인정하고 용서를 구했다면 그렇게까지 불쾌하지 않았을 것입니다. 단골 고객을 만드는 데 1년이 걸린다면, 고객을 놓치는 데는 10분이면 충분합니다.

러시아의 작가 톨스토이의 작품 중에 《집 지은 사람의 잘못일까》라는 작품이 있습니다. 이 작품에는 자신의 실수를 다른 사람 탓으로 여기며 원망하는 사람들의 이야기가 담겨 있습니다. 이 작품은 그가 어린 시절 누이를 통해 깨달은 일이 소재가 되었습니다.

톨스토이의 아버지는 도자기 수집이 취미였습니다. 어린 시절 그의 집에는 좋은 도자기들이 많았습니다. 아버지는 하루에 한 번씩 그 도자기들을 일일이 닦아서 보관할 만큼 도자기를 아끼고 소중하게 여겼습니다.

어느 날 아버지는 새로운 도자기를 사 가지고 왔습니다. 자그마하고 고운 빛깔의 그 도자기를 본 여동생이 아버지에게 달라며 졸랐습니다. 아버지가 그것을 선뜻 딸에게 내어줄 리가 없었습니다.

며칠 후 크리스마스를 앞두고 여동생은 아버지가 기분 좋은 틈을 타서 또다시 도자기를 달라고 조르기 시작했습니다. 아버지가 다시 한 번 안 된다고 말하자 여동생의 눈에선 눈물이 흘러내렸습니다.

딸이 우는 것을 보고 아버지가 다정하게 말했습니다.

"그래, 네가 그토록 좋아하는 것이니 가지려무나."

간신히 아버지의 허락을 받은 여동생은 기뻐서 어쩔 줄을 몰랐습니다. 신이 난 여동생은 도자기를 들고 오빠 방으로 뛰어갔습니다. 그런데 그 순간 문턱에 걸려 넘어지면서 도자기는 산산조각 나고 말았습니다.

부서진 도자기 조각을 보며 화를 내며 여동생은 말했습니다.

"문턱이 너무 높아서 그랬어. 우리 집을 지은 사람이 대체 누구예요? 누가 우리 집을 이렇게 지어서 나를 넘어지게 했냐 말이에요?"

자신의 실수는 탓하지 않고 집을 지은 사람을 원망하는 동생을 보고 있던 톨스토이는 어이가 없었습니다.

그날 일은 그에게 깊은 깨달음을 주었습니다. 그래서 그는 훗날 그 일을 기억하며 《집 지은 사람의 잘못일까》라는 작품을 쓰게 되었던 것입니다.

꿈이 있는 사람은 어디에서나 떳떳하게 행동합니다. 혹 자신이 실수를 했더라도 그것을 감추지 않고 당당하게 상대방에게 사과합니다. 사과는 결코 부끄러운 행동이 아니라는 것을 잘 알기 때문입니다.

잘못을 인정하는 일은 부끄러운 일이 아닙니다. 오히려 남들에게 자신의 굳건한 신념을 보여주는 일입니다. '나는 다른 사람들과 똑같지 않다, 다시 한 번 나를 믿어주었으면 좋겠다' 라는 무언의 의미를 담고 있기 때문입니다. 자신의 잘못을 인정하는 사람이 주위 사람들에게 더 많은 지지를 받는 것도 이 때문입니다.

사람들은 일에 대한 실수보다 그 실수를 처리해가는 과정을 더 중요시합니다. 그 과정 속에서 그 사람의 마음가짐을 알 수 있으니까요. 잘못을 감추려는 사람은 더 큰 위기 속으로 걸어 들어가는 사람이지만 떳떳하게 인정하는 사람은 위기를 기회로 변화시키는 사람입니다.

누구에게나 잘못을 인정하기보다
이런 저런 핑계를 둘러댄 기억이 있을 겁니다.
어떤 일이 있어도 자신의 잘못을
남에게 전가해선 안 됩니다.
인간관계에 있어 이보다 더 큰 치명타는 없습니다.
꿈이 있는 사람은 결코 이런 행동을 하지 않습니다.
오히려 자신의 잘못을 떳떳하게 시인하고 용서를 바랍니다.
꿈이 있는 사람은 언제나 당당하기 때문입니다.

내 머릿속의 구조조정

경쟁이 치열한 사회에서 살아남으려면 무엇이든 남보다 뛰어나야 합니다. 경쟁사회에서 대인관계나 능력만큼 중요한 것이 있습니다. 바로 몸과 마음의 건강입니다. '건강이 능력보다 더 중요할까?' 하고 의문을 가질 수 있을 테지요. 하지만 나의 대답은 건강보다 더 소중한 것은 없다는 것입니다. 건강을 잃고 나서 얻는 명예와 부와 권력이 과연 무슨 소용이 있을까요?

내가 아는 선배 K의 이야기입니다.

K는 다니던 회사에 사표를 던지고 새로운 직장에 출근하기 위한 계약서에 사인했습니다. K는 편안한 심정으로 신체검사를 받았습니다. 그런데 예기치 못한 일이 생기고 말았습니다. 신체검사 결과 간 기능 수치가 정상인보다 높게 나온 것이었습니다.

의사는 이대로라면 쉽게 피로할 뿐 아니라 과로하면 간염으로 발전할 수 있다고 했습니다.

평소 K는 건강만큼은 자신 있다며 큰소리쳤었던 터라 더욱 당황했습니다. 결국 옮겨가기로 한 회사의 인사부에서는 입사가 힘들다는 결정이 내려졌습니다.

K는 건강이 가장 중요하다는 것을 깨달았고 아침마다 운동을 하며 술 담배도 끊었습니다. 그러자 시간이 흐르면서 건강은 서서히 회복되더니 오히려 예전보다 더 좋아졌습니다. 건강이 좋아지니 마음도 덩달아 밝아졌습니다.

어느 날 그에게 좋은 소식이 전해졌습니다. 평소 친하게 지내던 거래처의 직원으로부터 연락이 왔습니다. 마침 기획팀에 자리가 났다며 괜찮다면 면접을 보지 않겠느냐는 것이었습니다. 그렇게 해서 그는 예전보다 더 나은 직장에서 일할 기회를 얻었습니다.

건강이 나쁘면 아무리 능력이 뛰어나다 해도 그 능력을 온전히 발휘할 수 없습니다.

또 한 사람은 학력 콤플렉스에 빠져 있었습니다.

그가 자기계발을 하게 된 것은 만년 대리라는 꼬리표를 달고 나서부터입니다. 그는 아침 5시에 일어나 영어회화 공부를 하기 시작했습니다. 그리고 업무와 관련된 각종 정보지와 조간신문도 빠뜨리지 않고 읽었습니다.

그러던 중에 대기업 L사에서 스카우트 제의가 들어왔고, 그동안 갈고닦은 영어실력과 전문지식을 유감없이 발휘했습니다. 그는 전 직장보다 40% 높은 연봉을 받으며 현재는 업무와 관련된 전문성을 쌓기 위해 야간 대학원에 다니고 있습니다.

부실한 기업은 구조조정을 감행함으로써 살아남을 수 있습니다. 이렇듯 직장인도 부단한 자기계발을 통해 능력을 키우고 전략적인 자기관리와 경력관리를 해야 합니다. 또한 우선 현재 몸담고 있는 회사에서 성공을 위한 기반을 다져야 합니다.

우리는 고용시장에서 자신의 몸값을 책정하고, 그것을 당당하게 요구할 수 있는 시대에 살고 있습니다.

직장인의 몸값은 미래의 가치입니다. 이는 자기 스스로 만들어가야 합니다. 직장인들이 몸값을 올리기 위한 전략을 소개할까 합니다.

● 기본적으로 영어 실력을 갖춰라

사람들이 영어를 잘하기 위해 들이는 비용은 전체 수입의 상당한 부분을 차지하고 있습니다. 그러나 대부분의 사람들은 왜 영어를 잘해야 하는지에 대해서는 잘 알지 못합니다. 단순히 영어를 잘하면 입사나 승진 때 유리하게 작용한다는 정도지요.

주위에는 영어 공부에 한이 맺힌 사람도 있고 엄청난 스트레스를 받고 있는 사람도 있습니다. 또한 영어로 인해 열등감과 강박관념, 우울증까지 앓는 사람도 있습니다. 이런 사람은 영어를 배워야

하는 근본적인 이유를 잘 알지 못하는 경향이 짙습니다. 그러다 보니 웬만하면 피해가고 싶은데 그러지 못하는 처지에 놓여 괴로운 것입니다.

세계적으로 우수한 문학이나 과학, 사상, 사회과학 등 저서들의 원서는 대부분 영어로 되어 있습니다. 때문에 남들보다 뛰어난 영어실력을 지니고 있다면 발 빠르고 정확한 정보를 얻을 수 있습니다. 또한 엉터리로 번역된 책들의 그릇된 정보를 걸러낼 수 있습니다. 만일 영어 실력이 별로라면 앞선 정보는커녕 잘못된 지식과 정보를 그대로 활용할 것입니다.

영어를 잘하는 사람은 세계 다양한 나라의 사람들과 친구가 될 수 있습니다. 그들은 누구보다 국제적인 감각을 갖출 수 있습니다. 앞으로 국제적인 감각이 없는 사람은 우물 안 개구리 신세를 면하기 어렵습니다. 뿐만 아니라 자신에게 다가올 많은 기회를 알지도 못한 채 놓치고 맙니다.

내가 아는 헤드헌터는 이렇게 말합니다.

"30대 중반에 영어로 발표할 수 있는 사람과 그렇지 못한 사람의 연봉 차이는 최소한 1,000만 원은 족히 될 것입니다. 영어 실력만 완벽하게 갖추어도 몸값을 충분히 높일 수 있을 뿐 아니라 보다 좋은 대우를 받을 수 있는 게 지금 현실입니다."

● 업무 외 시간을 투자하라

내 분야에서 일인자가 되겠다는 각오로 자기계발을 꾸준히 해야 합니다. '어떻게(how)'에 길들여진 기술자가 아니라 '무엇(what)'을 해야 하는지를 아는 전문가가 되어야 합니다. 그러기 위해선 사색을 통해 자기 자신을 분석해야 합니다. 그래야만 자신에게 무엇이 필요한지 알 수 있기 때문입니다.

자기계발은 이른 아침이나 근무시간 이후의 시간을 활용하는 것이 좋습니다. 자격증을 획득하거나 전문가들이 모이는 동아리 활동을 하는 것도 좋은 방법입니다. 뿐만 아니라 주·야간 대학원 과정에 다니는 것도 좋습니다. 끊임없이 자신을 갈고닦아 언제든 고용시장에 진출할 수 있도록 준비해야 합니다.

● 현 직장에 최선을 다하라

경력개발의 80%는 현 직장의 업무를 통해 이뤄집니다. 지금 다니고 있는 직장에서 최대한 성과를 내고, 그 사실을 회사 사람들에게 인식시켜야 합니다. 만일 지금의 직장에서 능력을 인정받지 못한다면 승급과 더 나은 직장으로의 이직 기회는 다가오지 않습니다. 상사로부터 "이대리, 오늘도 지각했어?" "김대리, 요즘 실적이 엉망인데 마음이 콩밭에 가 있는 거 아냐?" 같은 말을 자주 듣게 되면 경력관리에 치명적입니다. 더 나은 직장으로 이직을 생각하고 있다면 자신을 드러낼 성과를 낼 수 있어야 합니다.

현 직장에서의 경력관리 및 평판관리는 자신의 가치를 올리는 토대가 됩니다. 이직을 하는 경우 회사는 지원자의 대인관계와 경력, 실적 등을 전 직장에 조회해보는 경우가 많기 때문입니다.

● 잦은 이직은 피하라

이직은 충분한 준비를 바탕으로 해야 합니다. 단지 현 직장보다 조금 더 대우가 낫다고 해서 쉽게 직장을 옮기는 실수를 하지 말아야 합니다. 직장을 자주 옮기는 사람은 헤드헌터들 사이에 블랙리스트에 올려져 결국 꼭 필요한 곳으로의 이직이 어려워질 수도 있습니다. 기업도 비밀이 유출될 우려 때문에 잦은 이직 경력자를 기피한다는 것을 잊어선 안 되겠습니다.

● 자신감을 가져라

그라시안은 "어떤 상황이 닥치더라도 자신감을 잃지 말라. 자신감은 그대를 더욱 당당하게 만들 것이다"라고 말했습니다. 자신감은 집을 튼튼하게 받쳐주는 대들보와 같습니다. 대들보가 튼튼하고 강하면 어떤 충격에도 집은 끄떡없습니다. 반대로 대들보가 약하면 집은 작은 충격에도 쉽게 무너져버릴 것입니다.

마찬가지로 자신감이 약한 사람은 두려움에 때문에 앞으로 나아가지 못하지만 자신감이 강한 사람은 확고한 목표를 향해 나아갑니다. 어떤 난관이 있어도 물러서지 않습니다. 때문에 결국 자신이 원하는 바를 이루어내고 맙니다.

● 업무 성과를 객관적 자료로 관리하라

자신의 실적을 수치화하는 것이 중요합니다. 자료를 추상적으로 늘어놓는 것보다 꼼꼼하게 수치화해서 표현할 때 상대방은 보다 쉽게 당신의 실적을 이해할 수 있습니다. 이러한 자료 수치화는 결국 상대방의 마음을 끌게 되는 것입니다. 때문에 평소 현재 다니고 있는 직장이나 전에 다니던 직장에서 기여한 공로 등을 평가해서 객관적 자료로 만들어놓아야 합니다.

특히 성과를 금액으로 환산하는 방법도 효과적입니다. 이런 데이터를 이력서와 함께 첨부해 제출하면서 보다 높은 연봉을 제시하면 다가오는 기업이 많을 것이기 때문입니다. 2~3개월마다 이력서를 업데이트하는 것도 빼놓아선 안 됩니다.

● 휴먼 네트워크를 잘 관리하라

기업 경영에서 '좋은 관계'는 '좋은 거래'로 이어지는 경우가 많습니다. 때문에 인맥이 넓은 사람은 대접받게 마련입니다.

넓은 인적 네트워크는 좋은 경험과 정보를 얻는 데도 도움이 됩니다. 뿐만 아니라 이직을 위한 좋은 기회를 제공하기도 합니다. 때로 잘 갖춰진 인맥으로 인해 운명이 달라질 수도 있습니다. 사람은 혼자만의 힘으로 원하는 것을 찾거나 이룰 수 없습니다. 때문에 휴먼 네트워크를 활용하면 보다 쉽게 찾고 이룰 수 있습니다.

인맥을 쌓음에 있어서 꼭 기억해야 할 것은 경력과 관련한 목적성을 잊어선 안 된다는 점입니다.

● 아침형 인간이 되라

얼마 전, 한 잡지사에서 70명의 국내 대기업 CEO들을 상대로 재미있는 조사를 했습니다. 대기업 CEO들에게 지금의 위치에 오르는 동안 '아침형 인간'과 '저녁형 인간' 중에 어떤 인간형으로 생활했는지 물었습니다.

조사 결과 '저녁형 인간'보다 '아침형 인간'으로 라이프 사이클을 바꾸는 것이 성공하는 데 유리한 걸로 나타났습니다. 조사 대상 70명 가운데 67명이 "나는 아침형 인간"이라고 대답했습니다. 응답자의 95.7%가 아침형 인간으로 시간을 경영했다는 것이었습니다. 그들이 성공한 것은 시간을 잘 활용한 덕분이라고 해도 과언이 아닐 것입니다.

사람들은 몸에 이상이 있으면 병원에 가서 처방을 받습니다. 그렇게 해야만 병이 더 심해지는 것을 막고 초기에 병을 잡을 수 있기 때문입니다. 이때 병원에서 처방을 받는 것은 현재의 자신을 위기로부터 구해내는 구조조정과 다를 바 없습니다.

성공한 사람들은 평소 자신에 대해 누구보다 잘 알고 있었습니다. 그래서 위기가 닥치기 전에 과감하게 결단하고 구조조정했습니다. 그 결과 그들에게 구조조정은 남들보다 앞서갈 수 있는 계기가 되어주었습니다.

지금 나 스스로 구조조정을 하지 않으면 결국 남에게 구조조정을 당하게 됩니다. 여러분은 자신의 운명의 주인이 될 수도 있고, 운명이 여러분의 주인이 될 수도 있습니다. 이것은 지금 어떤 결단을 하고 행동하느냐에 달렸습니다. 누구나 자신을 끊임없이 계발해야 합니다. 그래야 현재보다 더 나은 미래를 맞이할 수 있습니다.

위기에 몰린 기업은
과감하게 구조조정으로 위기를 모면합니다.
이렇듯 개인도 스스로 구조조정을 해야 합니다.
자신의 장점은 살리고,
단점은 과감하게 버리는
전략적인 자기관리와 경력관리를 해야 합니다.
이러할 때 스스로 자신의 몸값을
책정할 수 있습니다.

내 몸값은 얼마일까?

우리는 세상에 태어날 때 신으로부터 공평하게 성공의 씨앗을 받았습니다. 하지만 성공을 이룬 사람들보다 이루지 못한 사람들이 더 많습니다.

성공의 대열에서 멀어진 사람들은 이렇게 말합니다.

"나는 원래부터 운이 따르지 않아."

"나는 잘하는 게 한 가지도 없어."

반대로 성공의 정상에 서 있는 사람은 다르게 말합니다.

"나는 성공을 위해 태어났어."

"다른 사람이 하는 일을 나라고 왜 못해?"

성공을 이룬 사람들은 1%의 가능성에서 99%의 희망을 발견한 사람들입니다. 이처럼 어떤 사고를 하느냐에 따라 그 결과가 판이하게 달라집니다.

앤서니 라빈스가 쓴 《네 안에 잠든 거인을 깨워라》는 책이 있습니다. 앤서니 라빈스는 미국 내 가장 영향력 있는 변화심리학의 권위자이자 카운슬러로 널리 알려져 있습니다. 그는 이 책에서 개인의 변화와 성공사례를 통해 변화와 성공으로 이르는 길을 알려주고 있습니다.

타인보다 앞서 가려고 하기보다는 자신의 길에 신념을 가져야 합니다. 오로지 타인보다 앞서가는 데 집중하는 것보다 더 위험한 일은 없습니다. 경쟁상대가 자신보다 앞서 나간다면 큰 충격에 휩싸이거나 슬럼프에 빠질 수 있기 때문입니다.

타인보다 뛰어나려고 애쓰기보다 자신의 장점을 키우고 집중해야 합니다. 이것이 바로 앤서니 라빈스가 말하는 '네 안에 잠든 거인을 깨우는 방법' 입니다.

요즘 직장인들 사이에는 '내 몸값 두 배 올리기'가 유행입니다. 또한 '자기 PR' 의 한 방법으로, '책 쓰기' 와 고객들과 사내 임직원들에게 이메일로 좋은 책 요약본을 보내주는 직장인들이 많습니다.

내가 아는 사람들 중에는 자기만의 고개관리 겸 자기 PR법을 활용하는 사람이 있습니다. 그는 '재테크' 와 '인생의 지혜를 담은 글' 을 이메일로 사내 직원들에게 사흘에 한 번씩 보내주고 있습니다.

처음에는 퇴근 후 자료를 찾고 일일이 메일로 작성하는 일이

고단하게 느껴졌습니다. 하지만 지금은 오히려 즐겁다고 말합니다. 이메일을 받는 사람들로부터 '잘 보고 있다', '유익한 정보 감사하다'라는 답장이 날아들기 때문입니다.

"처음에는 단순히 좋은 정보를 함께 공유하고 싶다는 취지에서 시작했습니다. 그런데 답장을 받고 나면 너무나 기분이 좋아요. 또한 이들이 사흘에 한 번은 꼭 나를 기억해준다고 생각하니 행복하기까지 합니다."

헤드 헌팅 업체의 한 이사는 일간지 인터뷰에서 이렇게 말했습니다.

"기업에서도 계획된 일만 묵묵히 하는 사람보다 척척 알아서 할 뿐만 아니라 자신을 알리는 스타일을 좋아하는 추세입니다."

자기 PR에는 책 쓰기, 이색명함 돌리기 등 다양한 방법이 있습니다. 이 가운데 책 쓰기는 해당분야의 전문가 이미지를 심어줄 것입니다. 그리고 자신이 쓴 책이 베스트셀러 대열에 오르면 많은 인세도 받게 되므로 일석이조라고 할 수 있습니다.

내가 아는 잡지사 기자는 평소 요리에 관심이 많았습니다. 또한 그녀가 맡고 있는 분야 역시 '맛집'을 소개해주는 일이었습니다. 그녀는 취재하면서 쌓은 경험과 자신의 노하우를 접목해 가정에서 저렴한 비용으로 누구나 쉽게 요리할 수 있는 실속 요리에 관한 책을 출간했습니다. 그녀는 별 기대 없이 출간했지만 독자들의 반응은 예상 외로 좋았습니다. 책을 출간한 지 2주

만에 재판을 찍는 등 현재는 기자라는 본업 외에 작가로도 활동하고 있습니다.

언젠가 그녀를 만났을 때 요리에 관한 후속 책을 기획하고 있다며 이렇게 말했습니다.

"내가 알고 있는 요리 지식을 다른 사람들에게 알려주고 돈까지 벌 수 있어서 너무 기뻐요. 요즘은 어떤 요리책을 써볼까 하고 고민하고 있어요."

그녀는 자신의 장점을 집필 자료로 활용해 스스로 몸값을 높였습니다. 게다가 자신을 사랑해주는 많은 독자들을 얻고 부수입까지 올리는 기쁨을 누렸습니다.

나는 여러분에게 기회가 된다면 자기 PR에 다양한 방법을 활용해보라고 말하고 싶습니다. 그러나 절대 과장하거나 허위로 지어내는 일은 하지 말아야 합니다. 당장 밝혀지지 않는다고 해서 언제까지나 숨길 수는 없습니다. 오히려 자신의 능력을 진솔하게 드러낼 때 진정한 가치가 있습니다.

세상에는 수많은 기회들이 있습니다. 자꾸만 먼 곳 혹은 한쪽만 보기 때문에 그것을 발견할 수 없는 것입니다. 조금만 더 유연한 사고로 자신과 주위를 둘러보십시오. 그러면 황금 같은 기회를 발견할 수 있을 테니까요.

그동안 의식적으로든 무의식적으로든 지금 현실을 빛 한 줄기 들지 않는 어둠으로 생각했다면, 이제는 그런 부정적인 생각에 벗어나 자신에게 주어진 수많은 가능성을 보아야 합니다. 무엇보다 자신의 몸값 두 배 올리는 방법을 활용해 좋은 기회를 만들어야 합니다.

몸값을 올리기 위해선 먼저 자기 자신을 알아야 합니다. 여러분은 자기 자신에 대해 얼마나 알고 있습니까?

파스칼은 말했습니다.

"인간은 자기 자신을 알아야 한다. 설령 그것이 진리를 발견하는 데 큰 도움이 되지 않는다 할지라도 최소한 자기 생활의 질서를 잡는 데는 큰 역할을 하게 된다. 이 일 이상으로 훌륭한 일은 없다."

그러나 대부분의 사람들은 자신에 대해 너무나 모르고 있습니다. 여기에는 두 가지 이유가 있습니다. 자신에 대해서 진지하게 생각해본 적이 없기 때문이고, 자신을 찾는 올바른 방향이나 방법들에 대해서 배워본 적이 없기 때문입니다.

조용한 사색을 통해 자신과 가까워지는 시간을 가져야 합니다. 처음에는 어색하게 느껴질지도 모릅니다. 하지만 이런 시간을 자주 갖다 보면 편안해질 것입니다. 사색의 시간은 꼭 필요합니다. 자신에 대해 알지 못하면서 자신을 채우고 단련하는 일은 불가능합니다.

가야 할 목적지와 가는 방법을 모른다면 아무데도 갈 수 없습니다. 같은 자리에서 맴돌면서 고민만 할 것입니다. 진정한 자신을 찾기 위해선 올바른 방법을 알아야 합니다. 한적한 공원

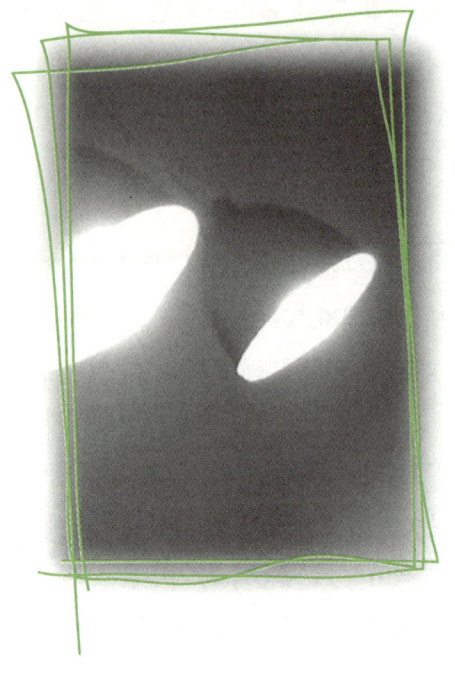

가야 할 목적지와 가는 방법을 모른다면 아무데도 갈 수 없습니다. 같은 자리에서 맴돌면서 고민만 할 것입니다. 진정한 자신을 찾기 위해선 올바른 방법을 알아야 합니다. 한적한 공원에서의 산책이나 여행, 독서를 통해 자신에게 끊임없는 물음을 던진다면 진정한 자신을 찾는 데에도 도움이 될 것입니다.

에서의 산책이나 여행, 독서를 통해 자신에게 끊임없는 물음을 던진다면 진정한 자신을 찾는 데에도 도움이 될 것입니다.

몸값을 올리기 위한 출발점은 자신에 대한 근본적인 탐구를 통해 현재 자신이 처한 현실을 객관적으로 평가하는 것에서 시작됩니다. 이것은 자신에 대해서 정확히 아는 것과 시장의 요구를 명확하게 분석하여 올바른 접점을 찾아내는 일을 말합니다. 천천히 자신의 안과 밖을 객관적으로 바라보는 시간을 가져야 합니다.

자기 자신에게 질문을 던져보십시오.

'내가 이루고자 하는 꿈은 무엇인가?'

'그 꿈을 이루기 위해 나는 무엇을 해야 하는가?'

'나에게는 어떤 약점이 있는가?'

'나에게는 어떤 강점이 있는가?'

'내가 가장 잘할 수 있는 일은 무엇인가?'

'나에게 가장 부족한 부분은 어떤 부분인가?'

'부족한 부분을 채우기 위해 나는 어떻게 해야 하는가?'

'내가 고쳐야 할 습관은 어떤 것이 있는가?'

'외부에 나를 알리기 위한 방법에는 어떤 것이 있는가?'

자기 질문을 통해 분석한 결과는 자신의 가슴속에 숨어 있는 잠재능력을 극대화하는 데 큰 힘이 됩니다. 그동안 많은 사람들이 스스로를 하찮게 여긴 것은 자기 질문의 시간을 갖지 않았기 때문입니다.

자신이 가장 잘하는 일을 회사가 요구하는 일과 접목시켜보십시오. 생각했던 것보다 훨씬 탁월한 능력을 펼치는 자신과 만나게 될 것입니다.

몸값을 올리기 위한 시작은
자신이 처한 현실을 객관적으로
평가하는 것에서 시작됩니다.
우리는 자기 질문을 통해 자신이 처한 현실뿐 아니라
자신에 대해 제대로 파악할 수 있습니다.
기계의 결함이나 고장 난 부위를 제대로 알아야
쉽고 빠르게 고칠 수 있듯이,
자신에 대해 제대로 알아야
더 나은 모습으로 변화시킬 수 있습니다.
다이아몬드를 정밀하게 세공할수록
그 가치가 높아지듯이,
자신을 어떻게 가꾸느냐에 따라
잠재능력을 극대화시킬 수 있습니다.

프로페셔널 라이프

프로 정신을 가져야 살아남을 수 있습니다. 자신의 일을 진정으로 좋아하고 사랑할 때 프로 정신을 가질 수 있습니다. 일을 사랑한다는 말은 자신의 직업을 존중하며 최선의 노력을 다하는 것을 말합니다.

우리는 철저한 직업의식을 가진 사람을 가리켜 '프로'라고 말합니다. 프로는 자신의 가치를 높이는 '나를 브랜드화하는 방법'을 알고 있습니다. 때문에 어떤 사소한 일이라도 꼼꼼하고 철저하게 처리하는 습관을 지니고 있습니다.

"대체 프로 정신이 무엇입니까?" 하고 묻는 사람도 있을 것입니다. 프로 정신은 한마디로 '최선을 다하는 마음가짐'이라고 할 수 있습니다. 의사가 환자들을 사랑으로 대하고 가게 점원이 손님을 친절한 미소로 대하는 것이 바로 프로 정신입니다.

21세기는 브랜드 시대입니다. 대부분의 사람들은 운동화를 살 때 '나이키'와 '아디다스' 등을, 전자제품을 살 때는 '삼성전자'와 'LG전자' 등을 떠올리곤 합니다. 사람들의 머릿속에 깊이 각인되어 있다가 그것을 필요로 할 때 자신도 모르게 불쑥 튀어나오는 이름. 이것이 브랜드가 갖고 있는 힘입니다.

그렇듯이 우리는 자신의 이름 석 자는 물론, 회사에서 만들어내는 제품 혹은 프로젝트 수행 능력 등으로 인해 하나의 브랜드로 평가받는다는 것을 잊어선 안 됩니다. 직장에서뿐 아니라 업계에서 소문난 사람들, 헤드헌터가 가장 먼저 찾는 사람들은 이미 브랜드 가치를 인정받은 사람들입니다.

나는 그동안 이 책을 집필하기 위해 많은 사람들을 만나보았습니다. 자신의 간절한 꿈을 이루고 행복에 젖어 있는 사람들과 실패로 인해 절망에 빠진 사람들…. 성공한 사람들은 어떤 일이 주어지든 애착을 가지고 성실히 했음을 알 수 있었습니다. 실패한 사람들은 일에 대한 불만으로 가득 차 있었고, 건성으로 일을 처리하는 경향이 많았습니다. 내가 관찰해본 바로는 취업에 실패한 청년 실업자나 타의로 퇴직한 대부분의 사람들은 프로정신이 결여되어 있었습니다.

어쩌면 성공한 사람과 실패한 사람의 차이는 종이 한 장 차이일 수도 있습니다. 그러나 깊게 들여다보면 이 작은 차이 때문에 인생의 간극이 하늘과 땅 차이로 벌어지고 마는 것입니다.

갈수록 세상은 편리해지지만 서민들은 점점 살기가 힘들어
집니다. 이런 사회 속에서 자발적인 자세가 아닌 조건부적인 생
활이 습관화되어 있는 사람들은 더 이상 갈 곳이 없어지는 것입
니다.

프로 정신은 자신이 하는 일에 대해 열정과 인내심을 가질
때 생겨납니다. 프로 정신은 아무리 사소한 일이라도 책임감을
가지고 완수하는 마음가짐입니다. 이런 프로 정신은 한순간에
나타나지 않습니다. 때문에 직장인뿐만 아니라 학생 때부터 습
관화하는 것이 중요합니다.

기업에서 중요시하는 필요조건으로 많은 기업들이 프로 정
신을 꼽았습니다.

SK텔레콤 인력관리실은, 우수한 인재의 첫 번째 요건으로
'패기'를 꼽았습니다. 패기는 일과 싸워서 이기는 자세를 뜻합
니다. 또 다른 기업에서는 사고는 적극적인가, 행동은 진취적인
가, 일 처리는 빈틈 없는가 등을 평가한 다음 어학이나 지식 등
을 본다고 합니다.

요즘 기업들은 토익이나 토플을 고려하지만 참고만 하는 수
준입니다. 학교의 우등생이 직장의 우등생은 아니기 때문입니다.

아무리 능력이 뛰어나더라도 프로 정신이 결여되어 있는 사람
은 인정받기 어렵습니다. 사소한 실수가 결정적인 순간에 발목을
붙잡기 때문입니다. 프로 정신이 부족한 사람은 아직 가공되지

않은 다이아몬드와 같습니다. 다이아몬드는 멋있고 아름답게 가공되어야 진정 그 가치를 인정받을 수 있습니다.

사람도 마찬가지입니다. 자신이 맡은 일을 대충 넘기지 않고 완벽하게 해낼 때 가치를 인정받을 수 있습니다.

갈수록 경쟁이 치열해지는 요즘 같은 시대에 프로 정신은 경쟁자로부터 자신을 지키는 최대의 무기입니다. 가장 자신 있는 분야에서 강한 프로 정신으로 무장한다면 언제까지나 미소를 잃지 않을 것입니다.

프로 정신은 경쟁자로부터
자신을 지키는 최대의 무기입니다.
의사가 환자들을 사랑으로 대하고
가게 점원이 손님을 친절한 미소로 대하듯이
자신의 일에 최선을 다해야 합니다.

프로 정신을 가지기 위해선
적극적인 사고로 성실함을 잃지 않아야 합니다.
성실함은 어떤 일이든 책임감으로 완수하게 합니다.
어떤 직장에서도 프로 정신을 가진 사람은
당당히 능력을 인정받으며 승승장구합니다.
때문에 프로 정신을 가지는 것은
자기 자신을 사랑하는 또 다른 방법입니다.

열세 번째

Life Story ★

내 안에
잠든 거인을 깨우자

참나무는 도토리 안에 잠들어 있는 배아에서 시작해 거목으로 성장합니다. 성공도 이와 별반 다르지 않습니다. 성공의 배아는 강렬한 열망입니다. 강력한 열망을 품으면 원대한 목표에 도달하기까지 강력한 에너지가 솟아납니다. 이런 에너지는 자신과 상대방 모두에게 유익한 결과를 가져다 줍니다.

모든 사람의 마음속에는 거인이 잠자고 있습니다. 이 거인은 바로 성공을 현실로 변화시킬 잠재능력입니다. 자신의 마음속에 들어 있는 이 거인을 잠만 자게 놔두어선 안 됩니다. 흔들어 깨워서 성공의 씨앗을 발아시켜야 합니다. 하지만 이때 중요한 것은 성공의 씨앗을 그저 지켜보기만 해선 안 된다는 점입니다. 때로 비바람이 몰아치거나 뜨거운 태양이 대지를 녹일 듯이 내리쬘 때도 있습니다. 또 심한 폭설이 내릴 때도 있습니다. 그럴 때일수록 성공의 씨앗에 더 큰 노력과 열정을 쏟아야 합니다.

한 남자가 병원 분만실 앞 복도에서 초조하게 서성이고 있었습니다. 잠시 후 분만실 문이 열리고 간호사 둘이 나왔지만 그들은 서둘러 지나가버렸습니다. 남자는 무언가 잘못되었다는 것을 예감했습니다. 다시 문이 열리고 의사가 나왔습니다. 의사는 그에게 들어오라는 손짓을 해 보였습니다.

의사가 낮은 어조로 말했습니다.

"선생님, 미리 말씀드릴 것이 있습니다. 아들이지만 귀가 없는 채로 태어났습니다. 아마 평생을 귀머거리로 지내야 할지도 모릅니다."

하지만 남자는 의외로 차분한 표정이었습니다.

"귀가 없이 태어났다 해도 그것 때문에 평생을 귀머거리로 지내지는 않을 겁니다."

"선생님의 심정을 충분히 이해합니다. 하지만 현실을 있는 그대로 받아들이는 편이 나을 겁니다. 의학계에 이런 사례가 몇 번 있었지만 한 사람도 청력을 회복한 적이 없습니다."

남자는 말했습니다.

"선생님, 어떤 의미에서 저도 의사입니다. 인간이 진실로 원하고 갈구한다면 어떤 역경이라도 극복할 수 있는 강력한 치유법을 알고 있기 때문입니다. 그 첫 단계가 무엇인지 아십니까?"

그는 강조하듯 덧붙여 말했습니다.

"어떤 경우라도 체념하지 않는 것입니다."

그로부터 25년이라는 세월이 흘렀습니다. 어떤 의사가 손에 엑스레이 필름을 들고 흐뭇한 미소를 지으며 진료실로 들어왔습니다.

"정말 기적입니다. 이 청년의 머리를 여러 각도에서 엑스레이 촬영을 해보았지만 청력기관의 징후는 어디에서도 찾아볼 수 없습니다. 그런데도 이 청년은 정상인의 청력 65퍼센트를 갖고 있습니다."

귀가 없이 태어난 아이의 아버지가 바로 성공학의 거장 나폴레온 힐입니다. 그는 10년 가까이 아들의 청력을 회복시키기 위해 많은 시간과 노력을 기울였습니다. 그 결과 아들의 청력을 정상인의 65%까지 회복시킬 수 있었습니다.

나폴레온 힐을 보며 사람들은 기적이라고 말했습니다. 그러나 면밀하게 살펴보면 단순히 기적은 아니었습니다. 긍정적 사고로 무한한 가능성에 관심을 기울인 노력의 결과였습니다.

정신을 자신의 뜻대로 조절할 수 있으면 삶에 영향을 미치는 어떤 상황도 조절할 수 있습니다. 어떤 형태의 불안이나 두려움에서 벗어날 수 있습니다.

'무엇이 사람을 실패와 성공으로 갈라놓는가?'

나폴레온 힐은 이 질문에 대한 해답을 얻기 위해 30년의 세월을 아낌없이 바쳤습니다. 그리고 마침내 성공철학을 완성했습니다. 그의 성공철학은 수많은 사람들을 실패와 좌절에서 성공으로 이끌어내는 데 기여했습니다.

"미래는 현재의 습관에서 비롯된다"는 말이 있습니다. 지금의 사소한 습관 하나하나가 미래를 암울하게 혹은 눈부시게 이끄는 것입니다. 습관이 행동을 낳고 행동이 삶을 형성하기 때문입니다. 불량식품은 맛은 있지만 우리에게서 건강을 앗아갑니다. 그러나 싱겁고 맛은 덜하더라도 우리 몸에 좋은 건강식을 먹으면 건강을 지킬 수 있습니다. 이처럼 행복한 삶이나 마음속에 품고 있는 성공을 성취하기 위해서는 생산적인 습관을 몸에 들여야 합니다. 생산적인 습관이 몸에 길들여졌을 때 우리를 도와주는 기적이 일어나는 것입니다.

삶의 기적은 변화로부터 시작됩니다. 마이너스적인 습관은 과감하게 버려야 합니다. 하지만 오랫동안 몸에 익은 습관을 하루아침에 바꾸는 일은 말처럼 쉽지 않습니다. 그렇다고 해서 '귀찮다' 거나 더 '편하다' 는 이유만으로 그런 습관을 고수한다면 스스로 불행의 늪 속으로 걸어 들어가는 것과 같습니다. 습관이 지니고 있는 힘은 무시할 수 없습니다. 습관으로 인해 자신의 능력이 사장될 수도 있고 반대로 능력에 날개를 달아줄 수도 있습니다.

주유소 사장이 새로 온 종업원에게 물었습니다.

"우리 주유소 앞으로 매일 자동차가 몇 대나 지나다닐까? 그리고 언제 가장 많이 지나다닌다고 생각하나?"

종업원은 사장의 뜻밖의 질문에 당황했습니다.

"제 생각에는…."

"난 자네 생각을 물은 게 아니야."

사장이 청년의 말을 끊고서 말했습니다.

"나는 사실에 입각한 대답을 요구하는 걸세. 실제 사실에 바탕을 두지 않는다면 그건 결코 자네의 의견이 될 수 없는 거야."

그날부터 종업원은 주유소 앞을 지나는 자동차 수를 노트에 기록하기 시작했습니다. 그리고 몇 대의 자동차들이 주유소로 들어와 기름이나 상품을 구입하는지를 한 달 동안 기록했습니다. 그뿐만이 아니었습니다. 청년은 자신이 만든 엽서를 운전자들에게 한 장씩 나눠주었습니다. 그 결과 고객 수가 얼마나 늘었는지 3주간 조사했습니다. 그러면서 종업원은 그동안 자신이 얼마나 수동적인 자세로 일해왔는지 절로 깨달았습니다. 주유소 사장이 던진 질문은 생산적인 일을 하도록 그의 결심을 이끌어냈던 것입니다.

현재 그 청년은 자기 주유소를 운영하고 있습니다. 그는 자신의 내부에 잠자고 있던 거인을 잠 깨워 성공을 이루어냈습니다.

우리는 자기 자신의 운명의 주입니다. 자신의 생각을 스스로 컨트롤할 수 있고 그 생각의 힘으로 목표를 이룰 수 있습니다.

"마음속에 품은 꿈은 반드시 현실이 된다."

우리는 마음속에 이미 성공의 씨앗을 가지고 있습니다. 다만 이 성공의 씨앗을 발아시켜 기적을 현실로 바꾸는 것은 순전히

자기 자신에게 달려 있습니다. 나는 이 성공의 씨앗으로 우리가
후회하지 않는 삶을, 성공된 삶을 살기를 간절히 바랍니다.

사람의 마음속에는 거인이 잠자고 있습니다.
이 거인은 바로 성공을 현실로
변화시킬 잠재능력입니다.
자신의 마음에 들어 있는
이 거인을 잠만 자게 놔두어선 안 됩니다.
흔들어 깨워서 성공의 씨앗을 발아시켜야 합니다.
그리고 성공의 씨앗에
노력과 열정을 쏟아야 합니다.
그러할 때 창이 열리듯
성공을 향한 문이 열릴 것입니다.

내 삶에 악센트를 불어넣는 Life Story

좋은 습관을 위한
라이프 스토리

고정관념 버리기
우물 안 개구리에서 벗어나게 하는 습관

고정관념은 자기 자신을 우물 안 개구리로 만듭니다. 우물 안 개구리가 되어서는 드넓은 들판과 숲, 푸른 바다를 알지 못합니다. 단지 우물 위로 보이는 하늘이 세상의 전부라고 착각하게 됩니다. 우물 안 개구리는 절대로 바깥세상이 있다는 것과 그곳에 더 많은 기쁨과 즐거움, 환희가 있다는 것을 알지 못합니다. 이보다 더 불행한 일이 있을까요?

성공하기 위해서 반드시 버려야 할 것 중 하나가 바로 '고정관념'입니다. 고정관념은 사고를 편협하게 합니다. 자신의 잣대로만 바라보고 생각하는 편협한 사고로는 원대한 꿈과 목표를 결코 이룰 수 없습니다.

편협한 사고는 썩은 동아줄과 같습니다. 썩은 동아줄은 매달리기도 전에 끊어지고 맙니다. 성공을 위해선 썩은 동아줄이 아닌 새 동아줄을 잡아야 합니다. 새 동아줄이 바로 열려 있는 사고입니다. 사고가 열려 있을 때 자신에게 오는 모든 기회와 정보를 취득할 수 있습니다.

6대 이상을 켄터키 산악지방에서 살아온 산사람들이 있습니다. 이 가족은 대대로 조상들의 발자취를 따라서 눈에 띄는 정신적 진보를 이루지 못한 채 살아가고 있었습니다.

그들은 농사로 생계를 이으며 레처 카운티라는 좁은 땅덩어리를 우주 전체로 여기며 살았습니다. 결혼도 그 지역에서 비슷한 환경의 사람들하고만 했습니다.

그러다 이 가족 중의 한 사람이 이웃 버지니아 주 출신의 교육을 받고 교양을 갖춘 여자와 결혼하게 되었습니다. 이 여인은 우주가 레처 카운티 경계선 너머까지 펼쳐져 있으며 최소한 남부의 주들 전체를 포함한다는 사실을 알고 있었습니다.

그녀는 화학, 식물학, 생물학, 병리학, 심리학 같은 교육 분야의 중요한 과목들을 공부했습니다. 그녀는 아이들이 어른들의 말을 이해할 수 있는 나이가 되자 이런 과목들에 대해 이야기해주었습니다. 그러자 시간이 지나면서 아이들은 뜨거운 관심을 보이기 시작했습니다.

훗날 그녀의 자식들 중 한 명은 그 과목들을 비롯한 다른 많은 학문을 가르치는 큰 대학의 총장이 되었습니다. 또 한 명은 법조인이 되었고, 다른 한 명은 유능한 의사가 되었습니다.

그녀의 남편은 아내의 정신적인 영향력 덕택에 유명한 치과의사가 되었습니다. 그리하여 6대를 이어져 내려온 가문에서 최초로 전통이라는 속박으로부터 벗어날 수 있었습니다.

대부분의 사람들은 고정관념에서 벗어나지 못한 채 항상 같은 곳에 머물러 있습니다. 왜냐하면 많은 사람들이 드나드는 길을 이용하면 안전하고 외롭지 않기 때문입니다. 반대로 그 누구도 가지 않은 새로운 길을 개척하려면 외로움과 두려움에 휩싸일 것입니다.

지금보다 더 나은 생활을 바란다면 현실에 안주하지 말고 새로운 모험에 도전하는 마음이 필요합니다. 혹 모험이 필요하다는 나의 말에 어떤 사람은 이렇게 물을 수도 있을 테지요.

"괜한 모험을 하다가 지금 가지고 있는 것마저 잃어버릴 수도 있잖아요?"

하지만 꼭 그렇지만은 않습니다. 인생은 어떤 것을 잃게 되면 더 나은 것으로 보상해주기 때문입니다. 만일 그렇지 않다면 어떻게 그토록 많은 위대한 사람들이나 성공한 사람들이 탄생할 수 있었겠습니까?

우리는 지금 가진 것에 대한 집착에서 벗어나 타성에 젖거나 현실에 안주하려는 마음가짐을 더욱 두려워해야 합니다.

1950년대 영국의 배 한 척이 스코틀랜드의 한 항구에 정박해 있었습니다. 그 배는 포도주를 운반하는 배였습니다.

배가 항구에 도착하자 선원들은 포도주를 내리기 시작했습니다. 그리고 마지막에 한 선원이 모든 짐이 다 부려졌는지 확인하기 위해 냉동 창고 안으로 들어갔습니다. 이때 다른 선원이 창고 안에 사람이 있다는 것을 모른 채 밖에서 냉동실 문을 닫아버렸습니다. 안에 갇힌 선원은 있는 힘을 다해 문을 두드렸지만 아무도 그 소리를 듣지 못했습니다.

배는 다시 바다를 향해 출발하였습니다. 선원은 냉동 창고를 둘러보았습니다. 냉동실에는 먹을 것이 많이 있었습니다. 그러나 선원은 자신이 곧 얼어 죽게 될 것이라고 생각했습니다.

그는 바닥에서 쇠꼬챙이 하나를 집어 들고 시간별로 자신이 겪은 죽음의 고통을 적어나갔습니다. 먼저 손가락과 발가락이 얼어갔습니다. 이윽고 코와 귀가 얼기 시작했고 냉기는 폐부를 찔렀습니다.

선원은 온몸이 하나의 얼음덩어리로 변해가는 과정을 기록했습니다. 배가 목적지에 도착했을 때, 그는 얼어 죽은 상태로 발견되었습니다.

사람들은 벽에 빽빽이 써놓은 고통의 기록들을 읽었습니다. 그러나 정말 놀라운 일은 그 기록이 아니었습니다. 냉동 창고 안은 따뜻했습니다. 사람들은 즉시 냉동 창고의 온도를 재어보았습니다. 온도는 섭씨 19도였습니다.

스코틀랜드에서 회항하는 동안 냉동 창고 안에 어떤 짐도 싣지

않았기 때문에 냉동장치를 가동하지 않은 것입니다. 그는 자신이 머릿속에 그린 상상 속에서 죽었던 것입니다.

고정관념은 잠재력을 파괴하는 암적인 존재입니다. 고정관념에 사로잡힌 사람은 색안경을 쓰고 있는 사람입니다. 고정관념은 줄곧 한 방향으로만 사고의 뿌리를 내리기 때문에 다른 쪽의 가능성이나 희망을 보지 못하게 가로막습니다.

서커스단의 코끼리는 가느다란 쇠사슬로 발목이 묶여져 있습니다. 그런데 이상한 것은 코끼리 발목에 묶인 끈은 코끼리가 쉽게 끊을 수 있을 정도로 약하다는 것입니다. 하지만 코끼리는 어릴 적부터 쇠사슬로 묶인 채 길들여져 있었습니다. 그렇기 때문에 코끼리는 항상 이 쇠사슬을 끊을 수 없다는 고정관념에 사로잡혀 있습니다. 이 고정관념 때문에 어린 코끼리가 어른 코끼리가 되어도 쇠사슬을 끊을 수 없는 것입니다.

고정관념은 이처럼 무서운 것입니다. 따라서 고정관념에 사로잡혀 있는 사람은 서커스단의 코끼리와 다를 바 없습니다. 그동안 수많은 사람들이 고정관념에 사로잡혀 자신의 꿈을 이루지 못한 채 불행한 삶을 살다 갔습니다.

스스로를 지배하고 있는 고정관념에서 과감하게 벗어나십시오. 처음에는 오랫동안 입어온 옷처럼 익숙해져 있어 말처럼 쉽지 않을 것입니다. 하지만 포기하지 않고 노력할 때 그동안 여러분을 짓누르던 고정관념에서 벗어날 수 있습니다. 또한 고정관념에서 벗어나 새로운 사고를 받아들일 때 고정관념은 더 높은 곳으로 날 수 없게 가로막은 쇠사슬이었음을 깨달을 것입니다.

고정관념은 사고를 편협하게 만듭니다.
이런 편협한 사고로는
우물 안 개구리 신세를 면하기 어렵습니다.
우물 안 개구리는 머리 위로 보이는 하늘이
세상의 전부라고 생각합니다.
이런 착각 속에 산다면
결코 바깥세상의 많은 기회를
누려보지 못할 것입니다.
더 넓고 멋진 곳으로 나아가기 위해서는
고정관념을 과감하게 벗어버려야 합니다.
코끼리가 발목에 채워진 쇠사슬을 끊어버리듯
고정관념에서 탈피할 때
더 나은 내일을 향해 도약할 수 있습니다.

자신감이라는 황금열쇠

나만의 꿈을 이루어주는 습관

"신은 용감한 자를 돕는다."

독일의 시인 실러의 말입니다. 그가 말한 용감한 자는 자신 감으로 충만한 사람일 것입니다. 자신감으로 똘똘 뭉쳐진 사람 은 그 어떤 것도 두려워하지 않습니다. 자신에게 그 일을 해낼 능력이 있다고 확신하기 때문입니다.

우리가 가장 경계해야 할 것은 바로 두려움입니다. 두려움은 사람들의 꿈과 희망을 앗아가고 절망의 나락으로 떨어뜨립니 다. 그래서 사람들은 암과 같은 불치병보다 더 가혹한 것은 두 려움이라고 말합니다.

"나는 절대로 그 일을 해낼 수 없을 거야."

"나는 특별한 사람이 아니야."

이렇게 말하는 사람의 마음속에는 두려움이 가득 차 있습니다. 그래서 어떤 일을 하기 전에 초조해하고 불안해하는 것입니다. 결국 자신이 잘할 수 있는 일조차 손도 써보지 못한 채 실패하게 됩니다.

유명한 배우가, 어릴 때 아주 심한 열등감 때문에 무척 고통을 받았습니다. 그는 조금 늦된 아이였기 때문에 친구들한테서 바보 취급을 받았습니다. 그는 친구들에게 따돌림당할 것을 두려워한 나머지 자기는 그들만큼 똑똑하지 못하다고 체념한 채 자기 자신을 숨기려고 했습니다.

다른 사람의 눈이 닿지 않는 곳에서는 젊은이답게 대담한 행동을 취하다가도, 공적인 장소에 나오기만 하면 자신감을 잃고 말았습니다. 그렇게 겁쟁이인데도 그는 배우가 되겠다는 소망을 품었습니다.

이윽고 배우가 되어 무대에서 다른 인물로 분해 연기를 해본 그는 깨달았습니다. 자신감을 갖는다는 것이 얼마나 어려운 일인지를.

어느 날 드라마 연출가가 적극적이면서도 용기 있는 인물 배역을 그에게 맡겼습니다. 지금은 일류 배우가 된 그는, 그때 그 역이 자신의 인생을 바꾼 첫 번째 기회였다고 합니다.

"그 역을 밤마다 연기함으로써 내 속에 변화가 일어난 것이다. 용기에 충만한 인물을 연기함으로써, 무대를 내려온 뒤에도 내게는 아직도 하지 않으면 안 될 일들이 많다는 것을 알게 되었다. '내가 연기한 그 인물이라면 어떻게 대처했을까?'를 생각하면서 그대로

행동했다. 무대에서 연기한 그 인물의 행동양식이 그냥 그대로 내 실제 생활에서도 이어졌고, 나는 날마다 그 인물의 성격을 모방했다. 덕분에 지금은 누가 무슨 말을 하든 대처할 수 있을 만큼 자신감과 용기가 생겼다. 내가 사용한 방법은 대성공이었다고 믿는다."

가슴속에 원대한 꿈과 희망이 있는 사람에게 가장 필요한 것은 자신감입니다. 자신감이야말로 자신의 계획을 향해 힘차게 나아갈 수 있게 해줍니다. 또한 뜻하지 않은 시련에 봉착했다 하더라도 결코 포기하지 않고 꿋꿋하게 나아가게 해줍니다.

능력이 모자라서 실패한 게 아닙니다. 바로 자신감이 부족하기 때문입니다. 그들은 성공보다 먼저 실패를 상상하기 때문에 능력을 제대로 발휘할 수 없습니다. 그래서 자연스레 모든 계획이 도미노처럼 실패로 이어지는 것입니다.

"전화로 영업을 하니까 일이 별로 어렵지도 않고 또한 정시에 출퇴근을 할 수 있어 저 같은 주부들 직업으로는 적합한 것 같아요."

내가 최근에 만났던 사람들 중에 보험회사에 다니는 김미라 씨의 말입니다. 김씨는 고등학교에 다니는 아들을 둔 가정주부입니다.

평소 자녀들 사교육비 부담이 너무 커 남편이 받아오는 봉급으로 충당하기에는 무리라는 생각이 들었습니다. 나름대로 취직을 하려고 여러 군데에 이력서를 내봤지만, 기혼에 나이가 있

명확한 꿈과 목표가 있다면 자신감은 봄날 대지를 뚫고 올라오는 새싹처럼 여러분의 마음속에 자라날 것입니다. 또한 나는 누구보다 행복하게 살 권리가 있다고 믿으며 소망의 열정을 불태울 때 여러분의 마음속은 자신감으로 가득 찰 것입니다.

어 받아주는 곳이 없었습니다.

그러던 중 우연한 기회에 보험회사 텔레마케터로 입사했습니다. 입사 당시에는 텔레마케터라는 직업이 무엇인지도 제대로 알지 못했기 때문에 두려움이 컸습니다. 하지만 시간이 지나 본인의 노력에 따라 매월 수백만 원 이상의 고소득을 기대하게 되면서 그런 두려움도 차츰 즐거움으로 변했습니다. 또한 매월 기본급에 실적에 따라 주어지는 성과 수수료를 합하면 남편 봉급보다 많아 행복하기까지 하다고 말합니다.

요즘은 20대 미혼여성의 전유물처럼 여겨졌던 텔레마케터에 주부들이 몰려드는 추세입니다. 아직까지 사회 곳곳에는 일할 곳이 부지기수입니다. 다만 사람들이 자신의 능력과 적성을 파악하지 않은 채 자꾸만 다른 곳을 기웃거리기 때문에 찾을 수 없는 것입니다.

현재 김씨는 사내에 명성이 자자해 신입 텔레마케터 교육 강사로도 활동하고 있습니다.

김씨는 오늘 하루도 활짝 웃으며 이렇게 말합니다.

"바쁜 고객들을 상대로 전화하다 보면 실제 통화시간이 굉장히 짧아요. 그 짧은 시간에 고객을 감동시킬 수 있는 자신만의 노하우가 가장 중요합니다."

스스로의 노력으로 자신감은 얼마든지 키울 수 있습니다. 사람은 누구나 불완전한 존재임을 인식하는 것이 중요합니다. 그 다음은, 모든 일이 자신의 마음먹기에 달렸음을 깨닫는 것입니다.

"뜻이 있는 곳에 길이 있다."

맞는 말입니다. 명확한 꿈과 목표가 있다면 자신감은 봄날 대지를 뚫고 올라오는 새싹처럼 여러분의 마음속에 자라날 것입니다. 또한 나는 누구보다 행복하게 살 권리가 있다고 믿으며 소망의 열정을 불태울 때 여러분의 마음속은 자신감으로 가득 찰 것입니다.

20세기 프랑스의 대표적인 지휘자인 피에르 몽퇴는 85살의 나이로 런던 교향악단의 종신 지휘자가 되었습니다. 그가 처음 단원들 앞에서 지휘봉을 들고 연습을 지도할 때 단원들은 기대에 가득 찬 눈으로 노장 지휘자를 바라보았습니다.

그러나 오케스트라의 연습이 진행될수록 단원들은 술렁이기 시작했습니다. 음악의 흐름에 따라 지휘자는 몸의 움직임과 얼굴의 표정으로 단원들을 지휘하는 것이 보통인데, 몽퇴는 팔을 크게 움직이지도 얼굴에 어떤 특별한 표정을 띠지도 않았습니다.

또 솔로로 악기를 연주하고 있을 때는 지휘봉을 움직이지도 않았습니다. 몇 명의 단원이 틀린 음을 내는데도 연습을 중단시키지 않을 뿐 아니라 별다른 지도를 하지 않았습니다.

특히 단원들은 지휘자가 자신들과 눈을 마주치지 않으려고 하는 것이 더욱 못마땅했습니다. 그들은 몽퇴가 너무 연로해서 더 이상 지휘를 할 수 없다는 생각이 들었습니다.

연습을 마친 단원들은 불안한 마음에 나이 든 단원 한 명을 그에게 보내 이야기를 해보도록 했습니다. 그 단원이 몽퇴에게 가서 단원들의 불만을 털어놓자 그는 빙그레 웃으며 이렇게 말했습니다.

"내게는 몇 가지 지휘 원칙이 있소. 몸을 과장되거나 불필요하게 움직여서는 안 되고, 연주자가 솔로로 연주할 때나 어려운 부분을 연주할 때는 연주자를 뚫어지게 쳐다보아 주눅이 들거나 기분을 상하게 해서는 안 되오. 또 연습 중에 누군가가 틀렸다고 해서 지휘봉을 두드리며 요란하게 야단치느라 연주를 멈추게 해서는 안 된다고 생각하오."

그러고 나서 한 마디를 덧붙였습니다.

"자네들이 잊고 있는 것이 있네. 나는 자네들을 따라갈 생각은 전혀 없다네. 그러므로 자네들은 나를 따르지 않으면 안 된다는 사실이야."

이것은 지휘자만이 가질 수 있는 자신감이었습니다. 몽퇴는 그런 자신감이 있었기 때문에 53년 동안 지휘봉을 놓지 않은 지휘자가 될 수 있었던 것입니다.

우리가 꿈을 이루도록 도와줄 힘은 자신감밖에 없습니다. 자신감은 상황에 따라 여러 모습으로 다가옵니다. 때론 행운이나 천사의 모습으로 다가와 성공의 황금열쇠를 가져다주기도 합니다.

가장 잘할 수 있는 일을 주저하지 말고 시도해보십시오. 자신감은 많은 힘을 줄 것입니다. 어떤 어려움 속에서도 많은 기회를 가져다줄 것입니다. 먼저 실패를 생각하기보다 시련을 극복하고 원하는 것을 이루어낸 자신의 모습을 상상해보십시오. 망설이지 않고 시도한다면 충분히 해낼 수 있습니다.

성경에 이런 구절이 있습니다.
"구하라 그러면 구할 것이요,
두드려라 그러면 너희에게 열릴 것이니."
자신이 하고자 하는 일이나 목표가 확실하다면
망설이지 말고 자신 있게 시도해보십시오.
시도하다 보면 의외로 처음에 불가능하거나
어렵게만 여겨졌던 일들을 쉽게 해낼 수 있습니다.
시도해보지도 않고
지레 겁먹고 포기하는 사람들이 많습니다.
'나는 사전 지식이 너무 없단 말이야.'
'나 같은 겁쟁이에겐 이 일은 안 어울려.'
이런 부정적인 생각보다는
'천천히 일을 배우면 잘할 수 있을 거야.'
'다른 사람들도 다 하는 일을 나라고 왜 못하겠어.'
이런 긍정적인 생각을 할 때
기회의 문은 활짝 열릴 것입니다.

행동하기

꿈을 현실로 만들어주는 습관

꿈이 있는 사람은 반드시 행동가가 되어야 합니다. 자신이 설계한 원대한 꿈과 목표에 행동이 뒷받침되지 않는다면 결코 이룰 수 없습니다.

미국의 30대 대통령 캘빈 쿨리지는 이렇게 말했습니다.

"세상의 어떤 것도 강한 의지를 대신할 수 없다. 사람은 재능만으론 성공할 수 없다. 성공하지 못한 사람들이 공통적으로 갖고 있는 것 중 하나가 바로 재능이다. 천재성만으로도 안 된다. 천재이면서도 평범한 삶을 사는 사람은 어디에나 있다. 끈기 있는 노력과 강한 의지력만이 전능한 힘을 갖고 있다."

씨앗을 뿌리지 않은 밭에선 아무것도 기대할 수 없습니다. 잡초만 무성할 것입니다. 밭에다 씨앗을 뿌려야겠다는 생각은 계획에 해당합니다. 그리고 씨앗을 뿌리는 일은 그 계획을 이루

기 위한 적극적 행동입니다. 행동이 따르지 않는 계획은 쳐다볼
수는 있으나 정작 먹을 수는 없는 그림의 떡과 같습니다.

스티븐 스콧이 쓴 《스티븐 스콧의 꿈을 실현하는 사람들의
15가지 성공 비결》이라는 책이 있습니다. 나는 이 책을 읽으며
많은 동기부여를 받았습니다. 특히 '저들은 나보다 더 힘든 상
황에서 성공을 일궈냈구나.' 하는 생각이 들 때마다 큰 힘이 되
어주었습니다.

이 책에 실려 있는 성공한 사람들 가운데 세계적으로 유명한
빌 게이츠, 스티븐 스필버그, 오프라 윈프리 역시 처음엔 그저
평범한 사람들이었습니다.

저자 스티븐 스콧도 대학졸업 후 아홉 군데의 직장에서 해고
를 당하거나 사표를 쓴 낙오자였습니다. 하지만 그는 1976년에
여섯 명의 동업자들과 자본금 5,000달러로 사업을 시작했습니
다. 회사는 매출액 수십억 달러에 달하는 미국의 대표적인 마케
팅 그룹으로 우뚝 올라섰고, 《포춘》지 선정 500대 기업으로 성
장했습니다.

한편, 스티븐 스콧은 실패를 딛고 성공하기까지 자신의 경험
과 비결을 쓴 이 한 권의 책으로 밀리언셀러 작가가 되었습니
다. 그러나 1976년 당시 그에게 억만장자 CEO와 밀리언셀러
작가는 모두 불가능한 꿈이었습니다.

그는 스티븐 스필버그, 토머스 에디슨, 헨리 포드, 빌 게이츠
등 세계에서 가장 성공한 사람들과 자신에게는 공통점이 있다는

것을 발견했습니다. 그는 그때부터 자신의 경험과 그들의 공통된 성공 비결을 바탕으로 꿈을 향한 행동을 시작했습니다. 꿈을 향한 행동이 바로 오늘날 그를 정상에 서게 해주었던 것입니다.

성공으로 나아가는 과정은 대부분의 사람들이 포기할 만큼 험난합니다. 하지만 적극적인 행동을 뒤따른다면 그리 힘겨운 일만도 아닙니다. 성공에 대한 설계도가 있고 강한 용기가 있다면 적극적인 행동으로 나아가십시오. 행동은 성공이라는 정상에 오를 수 있게 도와주는 등산 장비와 같습니다. 여러분이 스스로 포기하지 않는 한 끝까지 도와줄 것입니다.

미국에서 가장 유능한 은행가 중 한 명인 프랭크 밴더립이 뉴욕 시의 시티뱅크에서 일하게 되었습니다.

그는 과거의 실적과 능력을 인정받아 처음부터 평균 수준이 넘는 봉급을 받았습니다. 게다가 고급 마호가니 책상과 안락의자가 갖춰진 개인 사무실이 주어졌고, 책상 위에는 바깥에 있는 비서를 부를 수 있는 버튼까지 설치되어 있었습니다.

첫날은 아무 업무도 주어지지 않고 그냥 지나갔습니다. 이튿날도, 그 다음 날도, 넷째 날도 마찬가지였습니다. 그를 찾아오거나 말을 거는 사람조차 없었습니다. 그렇게 주말이 가까워오자 그는 불안해졌습니다.

다음주에 밴더립은 사장실로 찾아가서 이렇게 말했습니다.

"사장님, 봉급은 많이 주시면서 할 일이 없으니 신경이 쓰입니다."

사장은 날카로운 눈으로 그를 올려다보았습니다. 밴더립은 자신의 생각을 사장에게 말했습니다.

"그래서 하는 일 없이 앉아 있는 동안 우리 은행의 사업을 확장할 계획을 세워보았습니다."

사장은 무슨 계획인지 물었습니다.

"채권 일에 종사했던 경험을 살려 우리 은행에 도움이 될 계획을 구상 중이었습니다. 채권 부서를 만들고 광고를 낼 것을 건의합니다."

밴더립의 말에 사장은 벌컥 화를 냈습니다.

"뭐라고요? 우리 은행이 광고를 해? 우리 은행은 지금까지 단 한 번도 광고를 한 적이 없어요. 광고 없이도 유지할 수 있었어요."

"그럼 지금부터 광고를 시작하십시오. 우리 은행의 첫 광고는 제가 기획한 채권부에 관한 게 될 것입니다."

결국 시티뱅크는 밴더립의 뛰어난 아이디어와 과감한 실천력에 의해 고객들에게 좋은 이미지를 심어주었을 뿐 아니라 몇백 배의 이윤을 얻을 수 있었습니다.

고여 있는 물은 어떤 힘도 쓸 수 없지만 흐르는 강물은 누구도 어쩌지 못할 만큼의 무서운 힘을 발산합니다. 그렇듯이 아무리 크고 장대한 계획을 세웠다 하더라도 행동하지 않으면 아무런 소용이 없습니다.

우리 주위에는 입이나 마음속으로 어떤 일을 하겠다고 다짐만 하는 사람들도 있습니다.

과연 그들이 계획했던 일을 성취할 수 있을까요? 내가 아는 사람들을 보면 거의 대부분이 행동으로 옮기지 않는 공허한 계획들만 가슴에 담고 있을 뿐입니다. 이들은 자신이 행동으로 옮기지 않을 계획들만 세우다 소중한 인생을 허비한다는 것을 결코 알지 못합니다.

지금까지 계획을 실천하는 삶을 살지 않았다면
당장 오늘부터라도 계획을 실천에 옮겨보세요.
아주 사소한 계획일지라도
실천하겠다고 마음먹었다면
반드시 실천하는 습관이 중요합니다.
이런 습관이 하루하루 쌓여
성공이라는 커다란 운명을 만들기 때문입니다.

책상 앞에
표어 하나 붙이기

아름다운 자화상을 준비하는 습관

성공한 사람들은 평소 성공을 이룬 미래의 모습을 그렸습니다. 남들이 부러워할 만큼 성공한 것은 먼저 성공이라는 밑그림을 그렸기 때문입니다. 그들이 그린 밑그림은 성공한 자화상이었습니다. 늘 마음속에 그런 자화상을 담고 있었기에 이미 성공한 사람과 같은 모습을 유지할 수 있었고 결국 성공을 현실로 구체화시킬 수 있었던 것입니다.

우리가 알고 있는 성공한 사람들은 대부분이 평범한 사람들입니다. 그들은 어려운 시절을 보냈고 가난이 주는 고통을 맛보았습니다. 어쩌면 그들이 부를 이룬 후 누구보다 훌륭한 일을 하는 것은 그때 겪었던 경험 때문이 아닐까 생각해봅니다.

어떤 사람들은 이렇게 물을지도 모르겠습니다.

"말도 안 되는 소리하지 마세요. 어떻게 평범한 사람들이 성공을 이룰 수 있습니까?"

"나와 비슷한 처지의 그들은 성공했는데 왜 나는 실패만 합니까?"

이런 질문을 던지는 사람들은 대부분이 성공한 자화상을 그리기보다 실패한 자화상을 그리는 데 길들여져 있습니다. 그들은 남들의 성공을 부러워할 줄만 알았지, 자신도 그런 성공을 이룰 수 있다는 것을 전혀 깨닫지 못합니다. 그래서 그들은 '어떻게 하면 성공할까?' 보다 '어떻게 하면 실패할까?'라는 실패한 자화상에 익숙한 것입니다.

또한 이들은 성공한 사람들과 실패한 사람들의 차이점을 알지 못합니다. 단지 그들이 자신들보다 능력이 뛰어나거나 좋은 배경을 가졌을 거라고 추측할 뿐입니다. 하지만 이런 생각은 절대 옳지 않습니다. 위에서 말했듯이 성공한 사람들은 어린 시절 고생을 밥 먹듯이 한 사람들입니다. 그렇지만 어떤 시련에도 꿈을 향한 강한 믿음을 놓지 않았습니다. 힘들 때마다 성공한 자화상을 더욱 선명하게 그렸던 것입니다.

지금 성공의 반열에 끼지 못한 사람들은 어떻습니까?

어떤 일을 하기 전에 먼저 '잘할 수 있을까?' '실패하면 많은 사람들이 비웃을 텐데…' '난 항상 운이 따르지 않았어'라는 실패한 자화상을 지니고 있었습니다.

많은 사람들이 이런 경험을 했을 것입니다. 해보지 않은 일을 친구나 직장 동료에게 부탁받았을 때, 부정적인 생각으로 그 일을 회피하려고만 했던 기억. 이런 기억은 누구에게나 있을 것입니다.

이런 부정적인 생각에서 나온 모습들이 하루하루 일상 속에 축적된다고 생각해보십시오. 그 인생이 점점 성공의 대열에서 멀어질 것임은 불 보듯 뻔하겠지요.

인생에서 한 가지 일에 집중하는 끈기만큼 중요한 것이 좋은 자화상을 가지는 것입니다. 좋은 자화상이란, 훗날 성공을 이룬 자신의 모습입니다. 성공적인 자화상은 우리에게 용기를 주고 강한 열정이 솟아나게 해줍니다. 여기에다 이미 성공한 사람들이 쓴 자서전이나 자기계발에 관한 책을 읽는다거나 사색을 즐긴다면 금상첨화가 아닐 수 없습니다. 또 항상 웃으며 즐거운 마음으로 생활하는 것을 습관화한다면 성공을 더욱 앞당기는 지름길이 될 것입니다.

사람의 자화상은 보통 두 종류로 나눌 수 있습니다. 부정적인 자화상과 긍정적인 자화상입니다.

미국 미에오 틀리닉에서 30년 동안 연구한 보고 내용이 있습니다. 지난 1962년부터 1965년까지 그곳을 방문한 사람들을 대상으로 MMPI(미네소타 다변적 인성검사)라는 것을 했습니다. MMPI에 모두 389명이 참여했습니다.

이 검사는 이 사람이 과연 어떤 생각과 자화상을 가지고 있는지

에 관한 것이었습니다. 그리고 만약 부정적인 사람이라면 그 부정의 척도가 어느 정도인지도 조사했습니다. 30년이 지난 후 그들의 삶을 추적해본 결과 이런 결론을 얻어냈다고 합니다.

첫째, 부정적인 생각과 자화상을 가진 사람은 긍정적인 사고를 가진 사람들보다 일찍 죽었다고 합니다.

둘째, 그들이 생각하는 대로 인생이 아무것도 아닌 실패자의 삶을 살고 있었습니다. 그러나 긍정적인 생각과 자화상을 가지고 있는 사람들 중 대부분은 성공한 인생을 살았거나 살고 있었습니다.

우리는 하는 일마다 꼬이고 잘 풀리지 않는 '머피의 법칙'을 잘 알고 있습니다. 머피의 법칙도 알고 보면 실패한 자화상을 그렸기 때문이 아닐까요. 반대로 성공한 자화상을 그릴 때 성공적인 미래를 그려갈 수 있을 것입니다.

유난히 실패한 자화상에 사로잡혀 있는 사람이 있습니다. 이런 사람은 오랜 시간 동안 부정적인 환경에 의해 생각까지 어둡게 바뀐 것입니다.

이런 사람은 습관적으로 이렇게 말합니다. "난 못해." "설마 안 될 거야." "그걸 내가 어떻게 할 수 있겠어?" 습관적으로 내뱉는 부정적인 말은 행동에까지 영향을 미칩니다. 이런 부정적인 행동이 쌓여 부정적인 인생, 실패한 인생을 살 수밖에 없는 것입니다.

사람들은 실패한 자화상을 바꾸기 위해서 나름대로 노력합니다. 그러나 그 노력은 며칠 만에 물거품이 되고 맙니다. 오랫동안 마음속에 배인 부정적인 습관을 단 며칠 만에 고치는 것은 하루아침에 태산을 옮기겠다는 말과 같습니다.

단지 책상 앞에 자신의 꿈을 적은 종이를 붙여놓는다고 해서 저절로 꿈이 현실이 되는 건 아닙니다. 하지만 그렇게 함으로써 한 번 더 의지를 확고히 할 수 있을 뿐 아니라 부정적인 사고 대신 긍정적인 사고를 가질 수 있습니다.

성공한 사람들은 하나같이 부정적인 생각을 몰아낸 사람들입니다. 그리고 그 자리에 '할 수 있다'는 자신감, 긍정적인 생각을 채웠던 사람들입니다.

성공을 이룬 대부분의 사람들은
평소 성공한 자신의 모습을 마음속에 그렸습니다.
숱한 어려움이 꿈을 방해할 때마다
그 성공한 자화상은 용기와 인내심을 심어주었습니다.
우리는 모두 누구보다 성공하기를 원합니다.
먼저 마음속에다 성공한 자신의 모습을 그려보세요.
자주 그 모습을 떠올리는 습관을 들여야 합니다.
이런 습관이 익숙해졌다면
더 이상 성공한 사람들은
부러움이나 원망의 대상이 아닙니다.
그들은 오히려 우리에게 성공 비결을 알려주는
훌륭한 스승으로 느껴질 테니까요.

작은 일에 감사하기

미래를 향해 악수하는 습관

최 대리는 언제나 한꺼번에 몰아서 일을 처리하는 버릇이 있었습니다. 어느 날 그는 며칠 전 상사가 지시한 일을 까맣게 잊고 있었다는 게 생각났습니다. 부랴부랴 상사가 지시한 서류를 작성하기 시작했지만 그 일이 자신의 능력 밖이라는 것을 알았습니다.

그는 동료 이 대리에게 부탁했습니다. 이 대리는 자신의 일로 바쁜데도 불구하고 스스럼없이 도와주었습니다. 덕분에 최 대리는 무사히 상사가 지시한 업무를 처리할 수 있었습니다.

그리고 몇 달이 지난 어느 날이었습니다. 이 대리가 최 대리에게 다가와 다급하게 말했습니다.

"최 대리, 나 좀 도와줘. 내일까지 신 프로젝트에 관한 기안서를 올려야 하거든."

그러나 최 대리는 심드렁하게 대꾸했습니다.

"어떡하지? 오늘 급한 약속이 있어서 말이야."

사실 최 대리는 퇴근 후 약속이 없었습니다. 단지 몸이 피곤해서 일찍 들어가 쉬고 싶었던 것입니다. 그 후로 이 대리는 최 대리에게 어떤 부탁도 하지 않았습니다.

우리는 세상을 사는 한 누군가로부터 끊임없이 도움을 받습니다. 그러나 도움을 받을 당시에는 너무나 고맙게 생각하지만 시간이 지나면서 차츰 잊어버리고 맙니다. 누군가로부터 도움을 받았다면 절대 잊지 말아야 합니다. 이는 스스로 좋은 사람을 내치는 격입니다. 세상에 좋은 사람보다 더 귀중한 선물은 없습니다. 세상의 어떤 성공도 사람을 통하지 않고 이루어낼 수 없습니다.

화장실 갈 때와 나올 때처럼 다른 마음을 가져서는 안 됩니다. 이런 마음가짐은 스스로의 인격을 좀먹는 것과 다를 바 없습니다. 자신이 받은 은혜에 대해 상대방에게 감사함을 전하는 데에는 돈이나 큰 힘이 들지 않습니다.

"그날 너무 고마웠습니다."

"선생님이 아니었으면 큰일 날 뻔했습니다."

이런 한마디 말로 고마움을 표시해도 충분하니까요. 만약에 여러분이 그를 도울 수 있다면 이보다 더 큰 고마움의 표시는 없을 것입니다.

농구 선수 마이클 조던이 시카고 불스에 입단하기 전, 그는 몸

시 가난했습니다. 시카고로 초청받고도 항공비를 마련하느라 동분서주했습니다. 막상 시카고 공항에 내렸지만 경기장까지 가기 위한 차비가 없었습니다.

그는 지나가던 택시를 세우고 기사에게 이렇게 말했습니다.

"저는 마이클 조던이란 농구 선수입니다. 지금 시카고 불스에서 뛰게 되었지만 그곳까지 갈 택시 요금이 없습니다. 그러니 그냥 좀 태워다 주시면 나중에 꼭 갚겠습니다."

모두들 미친놈이라고 욕을 하며 태워주지 않았습니다. 돈 한 푼 없는 험악한 흑인을 태워줄 사람은 없었던 것입니다.

조던은 기진맥진했지만 포기하지 않고 또 다른 택시 기사에게 부탁했습니다. 그 택시 기사는 선뜻 조던을 시카고 불스 경기장까지 태워다 주었습니다. 경기장에 도착한 조던이 말했습니다.

"지금은 택시 요금을 드릴 돈이 없지만 훗날 꼭 갚겠습니다."

그 말을 들은 택시 기사는 빙그레 웃으며 말했습니다.

"시카고를 위해 좋은 경기를 보여주세요. 제가 당신의 첫 번째 팬이 되어 드리겠습니다."

말을 마친 택시 기사는 어디론가 사라졌습니다.

그 후 조던은 경기장에서 멋진 플레이로 그에게 답했습니다. 시간이 흐르면서 많은 돈을 벌기 시작한 그는 그 택시 기사를 찾으려고 애썼습니다.

그는 언론과의 인터뷰 때마다 마음씨 좋은 택시 기사를 거론했습니다. 그런 노력 덕분에 두 사람은 마침내 만날 수 있었습니다.

우리는 세상을 사는 한 누군가로부터 끊임없이 도움을 받습니다. 그러나 도움을 받을 당시에는 너무나 고맙게 생각하지만 시간이 지나면서 차츰 잊어버리고 맙니다. 누군가로부터 도움을 받았다면 절대 잊지 말아야 합니다. 이는 스스로 좋은 사람을 내치는 격입니다. 세상에 좋은 사람보다 더 귀중한 선물은 없습니다. 세상의 모든 성공은 사람을 통하지 않고 이루어낼 수 없습니다.

"오늘 작은 일에 감사할 줄 아는 사람은 내일을 바라보는 미래의 눈을 뜨고 사는 것이다"라는 말이 있습니다. 자신이 가진 것에 만족하고 누군가에게 받은 은혜를 잊지 않을 때 희망은 존재합니다. 희망도 사람과 사람 사이에서 자라나는 것입니다.

무명시절 만난 택시 기사를 찾은 조던에게서 사람냄새가 물씬 풍겨나옵니다. 전 세계인의 사랑을 받는 조던이 자신을 찾았을 때 택시 기사는 얼마나 기뻤을까요? 왠지 모르게 나의 입가에 잔잔한 미소가 피어납니다. 아마 조던이 성공할 수 있었던 것은 은혜를 잊지 않는 마음가짐 때문이 아닐까 하는 생각이 듭니다.

살아가다 보면 뜻하지 않게 어려움에 처하게 되고
누군가로부터 도움을 받게 됩니다.
사람들은 어려운 시기가 지나고 나면
누군가로부터 받은 도움을 금세 잊고 맙니다.
하지만 어떤 일이 있어도 그 고마움을 잊지 말아야 합니다.
상대방은 우리에게 도움이 아닌 사랑을 주었기 때문입니다.
누군가 우리에게 베푼 따뜻한 기억은
힘들 때마다 다시 용기를 가져다줍니다.

봉사하기
행복을 불러오는 습관

모든 사람들은 진정으로 행복하기를 소망합니다. 그 행복 속에서 가치 있는 삶을 살 수 있기를 바랍니다. 그래서 남들보다 더 많이 배우고 더 좋은 직장에 취직하려 안간힘을 씁니다. 때론 함께 믿고 의지했던 동료를 짓밟고 올라서기도 합니다. 남들보다 앞서야 진정 행복할 수 있다고 믿기 때문입니다. 하지만 그들의 모습에선 진정 행복을 찾아볼 수 없습니다. 오히려 항상 무언가에 쫓기는 듯한, 불만에 가득 찬 모습만 발견할 수 있을 따름입니다.

행복은 내면에 있는 것이 아니라 물질로 소유할 수 있다고 믿기 때문입니다. 그런 잘못된 믿음 때문에 소중한 인생의 순간을 허비하고 있는 것입니다. 행복은 작은 것에 만족할 때 느낄 수 있습니다. 결코 재물이나 물질로 행복을 얻을 수 없습니다.

혹 행복을 느낀다 해도 그건 잠시 서성이다 걷히는 안개와 같습니다.

대부분의 사람들은 파랑새를 찾듯이 쉽게 행복을 찾으려 합니다. 그래서 사치스런 보석이나 값비싼 물건을 구입해 남들에게 자랑하곤 합니다. 더 크고 좋은 자동차로 바꾸거나 더 넓은 집으로 이사하기도 합니다. 하지만 그런다고 해서 진정 행복을 느낄 수 있는 것은 아닙니다. 오히려 마음속은 불만으로 가득할 것이고 공허해질 뿐입니다.

자신이 불행하다고 말하는 사람들에게는 공통점이 있습니다. 그것은 자기 자신을 사랑하지 않는다는 것입니다. 자기 자신을 있는 그대로 사랑하지 않고 항상 다른 사람과 비교하며 불만을 터뜨립니다.

'나는 왜 키가 작을까?'

'정말 나는 못생겼어.'

'누가 나 같은 사람을 좋아해주겠어.'

이처럼 단점만 생각하기 때문에 자신이 불행하게 여겨지는 것입니다. 이와 반대로 장점을 찾고 발전시킨다면 자신도 충분히 행복한 사람이라는 것을 깨달을 수 있을 것입니다,

'나에겐 좋은 친구들이 많아.'

'내겐 직장도 있고 나를 사랑해주는 가족도 있어.'

'이 정도면 뭐 개성 있는 얼굴이야.'

이런 생각은 스스로에게 자신감을 심어주고 행복을 느끼게

해줍니다.

빌헬름 폰 훔볼트는 행복에 대해 이렇게 말했습니다.

"늘 유쾌하고자 하는 사람은 자신의 행복에 신경을 쓸 뿐만 아니라 또한 실제로 미덕을 실행한다."

어릴 적 박 전무는 가난한 집에서 힘들게 자랐습니다. 그래서 가난이 주는 고통을 뼛속 깊이 느꼈습니다. 박 전무의 마음속에는 늘 '성공해야 한다'는 생각이 자리 잡고 있었습니다.

대학시절 박 전무의 꿈은 동기들보다 더 출세하는 것이었습니다. 박 전무는 꿈을 이루기 위해 친구들과 가정은 물론 여가 시간을 포기하며 쉴 새 없이 목표를 향해 달려왔습니다. 이런 노력으로 그는 최연소의 나이에 전무가 되었습니다. 하지만 직급은 올라갔지만 오히려 박 전무를 기다리는 것은 더 많은 업무와 책임이었습니다.

퇴근하고 집으로 돌아올 무렵이면 자정이 가까웠습니다. 아내와 아이들은 모두 깊은 잠에 빠져 있었습니다.

어느 날 문득 박 전무는 깊이 잠든 아이들의 얼굴을 만지다 '이게 내가 진정 바라는 행복일까?' 하는 생각이 들었습니다. 그는 자신이 불행하게 느껴졌습니다. 비록 남들보다 일찍 성공했지만 그 성공이 가져다주는 것은 외로움뿐이었습니다. 그동안 아내와 아이들과 여행을 가거나 외식 한번 제대로 한 적이 없었습니다.

그러던 박 전무는 신문에서 자원봉사를 하는 사람들의 인터뷰 기사를 읽었습니다. 그들은 하나같이 자신들보다 어려운 사람들을 도우며 잃었던 행복을 찾았다고 말했습니다. 그 순간 박 전무는 자신도 그렇게 살고 싶다는 생각이 들었습니다.

　　며칠 동안 고민한 박 전무는 아내에게 이런 생각을 말했습니다. 그러자 아내는 흔쾌히 자원봉사에 동참하겠다고 했습니다. 아이들은 처음에는 거부했지만 끈질긴 설득 끝에 함께 하기로 했습니다.

　　박 전무 가족은 주말마다 가까운 양로원에서 거동이 불편한 할머니 할아버지의 목욕을 도와주었습니다. 빨래도 하고 말벗이 되어주었습니다. 그렇게 몇 주가 흐르고 박 전무는 거울에 비친 자신의 모습을 보았습니다. 그동안 딱딱한 표정만 짓고 있던 얼굴에서 웃음을 보자 멋쩍어 또 한 번 웃었습니다. 아내의 얼굴에도 행복한 표정이 맴돌았고 아이들도 아빠와 함께 시간을 보낼 수 있어 행복해했습니다.

　　그제야 박 전무는 진정한 행복에 대해 깨달았습니다. 사랑하는 가족들과 함께 어려운 사람들을 도와주며 그는 삶이 주는 행복을 발견했던 것입니다.

　　지금의 박 전무는 이 세상 누구보다 행복합니다. 냉기가 감돌았던 집에서는 웃음이 끊이지 않습니다. 그는 가족들과 더 많은 시간을 보내고 어려운 이웃과 함께할 때 일에 대한 열정이 솟아나는 것을 느꼈습니다. 요즘 박 전무는 친구들을 만나는 자리에서 일보다 가족과 이웃을 돌아볼 때 진정 행복을 느낀다고 말합니다.

누군가와 자신을 비교하기보다 있는 그대로의 자신을 받아들이고 사랑해야 합니다. 세상의 어떤 행복도 자기 자신을 불행하게 여기는 사람에게는 다가오지 않습니다. 자기 자신을 누구보다 사랑할 때 행복을 소유할 수 있습니다.

메네데모스는 이렇게 말했습니다.

"원하는 것을 소유할 수 있다면 그것은 커다란 행복이다. 그러나 그보다 더 큰 행복은 우리가 갖고 있지 않은 것을 원하지 않는다는 것이다."

그의 말처럼 행복은 작은 마음을 가질 때 얻을 수 있습니다.

1818년 어느 늦은 밤, 오스트리아의 작은 시골마을 성당을 지키는 모올 신부는 땀을 뻘뻘 흘리며 오르간을 고치고 있었습니다. 크리스마스를 일주일 앞두고 오르간이 덜컥 고장 나버린 것이었습니다.

크리스마스에 성탄 미사도 드려야 하고 연극 발표회도 해야 하는데 하나뿐인 오르간이 고장 났으니 난감했습니다.

시골마을이라 기술자를 따로 부를 수도 없고 딱히 새로 구입할 형편도 아니었습니다. 그는 벌써 며칠째 오르간을 뜯어서 이리저리 살펴보았지만 도무지 고칠 수가 없었습니다.

'오르간도 없이 어떻게 크리스마스 행사를 치를까.'

몹시 상심한 그는 일손을 멈추고 자리에 꿇어앉은 채 간절한 마

음을 담아 한참 동안 기도를 올렸습니다. 그리고 고개를 돌려 창밖을 바라보았습니다. 그런데 깊은 밤 어둠 속으로 환한 달빛이 비추는 마을의 풍경이 무척 평화롭고 아름답게 느껴졌습니다.

'참으로 고요한 밤이구나.'

평화로운 마을의 풍경에 감동받은 그 순간 그는 아름다운 시 한 편을 떠올렸습니다. 그는 즉시 펜을 들어 떠오르는 글들을 쓰기 시작했습니다.

다음날 아침, 그는 성당의 오르간 연주자인 구루버 선생을 찾아가 시를 보여주며 작곡해달라고 부탁했습니다.

"오르간이 고장 났으니 선생님께서 이 시로 곡을 만들어 성탄미사 때 기타로 연주하면 어떻겠습니까?"

그 해 성탄절, 그 작은 성당에서 모올 신부가 쓴 시에 곡을 붙인 음악이 기타로 연주되었습니다. 그 후 시골 성당의 어려움을 담은 이 노래는 널리 알려져 지금은 성탄절에 가장 많이 불리는 노래로 사랑받고 있습니다.

이 노래가 바로 〈고요한 밤 거룩한 밤〉입니다.

어떤 대가도 바라지 않고 남을 위할 때 행복을 느낄 수 있습니다. 우리가 느끼는 행복 중에서 남을 위해 헌신할 때 느끼는 행복이 진정한 행복이 아닐까요. 타인을 위해 나를 선뜻 내주는 것만으로도 마음은 흐뭇하고 기쁩니다. 이런 마음에 행복이 깃들지 않는다면 오히려 이상할 테지요.

"행복을 사치한 생활 속에서 구하는 것은 마치 태양을 그림에 그려놓고 빛이 비치기를 기다리는 것이나 다름없다."

나폴레옹의 말처럼 사치한 생활을 하는 사람은 절대 행복을 누릴 수 없습니다. 잠시 물질적인 기쁨이나 쾌락을 느낄 순 있지만 그것은 환각제와 같습니다. 물질적인 것에서 행복을 추구한다면 결국 자신을 불행의 벼랑으로 몰아넣는 것과 같습니다.

며칠 전 내게 한 자원봉사자가 말했습니다.

"힘들긴요. 전혀 힘들지 않아요. 오히려 그분들을 도우면서 제가 많은 도움을 받고 있는 걸요. 그동안 불평불만으로 살아왔던 제 자신이 너무나 부끄럽게 느껴졌으니까요."

자원봉사자의 말처럼 많은 사람들은 자신이 불행하다고 생각합니다. 이는 행복의 진정한 뜻을 잘 이해하지 못하기 때문입니다. 또한 자신보다 높은 곳에 있는 사람들만 바라보기 때문입니다.

지금 자기 자신이 불행하다는 생각이 든다면 행복한 사람입니다. 진짜 불행한 사람은 불행하다는 생각을 할 만큼의 여유 또한 없기 때문입니다. 불행의 원인은 다른 곳이 아니라 자신의 내면에 있다는 것을 잊어선 안 됩니다.

행복은 구체적이기보다 추상적입니다.
아무리 많은 것을 가졌다 하더라도
내면이 만족하지 않으면 결코 행복할 수 없습니다.
어떤 사람들은 행복을 얻기 위해
백화점에서 값비싼 물건을 사거나
친구들을 초대해 파티를 벌이기도 합니다.
하지만 이렇게 해서 느끼는 행복은
그 물건에 싫증이 나거나
파티가 끝남과 동시에 사라질 것입니다.
진정한 행복을 얻기 위해선 자기 자신을 위하기보다
다른 사람을 위하는 배려를 잊지 말아야 합니다.
자신보다 더 힘든 사람들이 있음을 깨닫고
그들과 함께 나눌 때
행복은 진정 우리의 것입니다.

미소 짓기
마음과 몸의 치료제

"웃음은 마음의 치료제일 뿐만 아니라 몸의 미용제이다. 당신은 웃을 때 가장 아름답다."

칼 조세프 쿠 쉘의 말입니다.

미소는 신이 인간에게 준 최고의 선물입니다. 꽃에 비하면 미소는 그윽한 향기와도 같습니다. 향기에 취해 벌과 나비들이 날아들듯 환한 미소에 사람들은 모여듭니다.

가끔 환하게 미소 짓는 사람들을 만날 때면 나 자신 또한 유쾌해지곤 합니다.

어떤 유명한 심리학자는 미소를 '생활의 비타민' 이라고 말했습니다. 가식이 없는 진실한 미소는 상대방의 마음을 편안하게 해주고 피로까지 씻어줍니다.

"남들은 미소 짓는 게 힘들다고 하는데 저는 참 쉽습니다.

미소 하나로 사람의 마음을 사로잡을 수 있죠. 좋은 인연을 많이 만들고 싶으세요? 그렇다면 저처럼 활짝 웃어보세요."

박명진 씨는 3년 전에 취업박람회에 참가했다가 사무직 대신 영업직에 지원해 입사했습니다.

그는 대학시절부터 정수기 판매와 광고 영업을 하는 등 나름대로 현장 경험을 쌓았습니다. 처음 영업을 했을 때는 남모르게 눈물도 많이 흘려야 했습니다. 특히 불쌍한 시선으로 바라보거나 잡상인 취급을 하며 모질게 대했을 때가 힘들었다고 합니다.

"고가의 정수기를 판매하는 일은 결코 쉽지 않았어요. 하루에 이백 장이 넘는 명함을 돌리고 나면 발바닥에 굳은살이 박여 정작 집에 돌아갈 때는 절뚝거리며 걷곤 했지요. 저녁 내내 발을 주물러야 했어요."

그는 하루에도 수십 번 그만두고 싶은 유혹에 시달렸습니다. 하지만 힘든 시련이 찾아와도 끝내 미소를 잃지 않았습니다. 미소를 잃지 않으니 자연스레 여유가 생겼고 또 희망을 가질 수 있었습니다. 그런 피나는 노력이 있었기에 지금 그의 모습은 누구보다 아름답습니다.

현재 연봉이 얼마나 되느냐는 말에 웃으며 이렇게 말합니다.

"연봉이오? 1억 원 조금 넘어요. 하지만 그보다 제가 좋아하는 일을 하면서 미소를 지을 수 있어 너무 행복해요."

새로운 시장을 개척하는 영업이 자신의 성격과 잘 맞는다는 박명진 씨. 그는 미소 하나로 성공의 가도를 달리는 사람 중의 한 사람입니다.

우리는 평소 자신의 미소가 다른 사람들에게 어떤 느낌을 주는지 알 필요가 있습니다. 그러기 위해선 먼저 가장 가까운 친구나 동료에게 물어보는 것이 좋습니다. 혹시라도 거울 앞에 서서 스스로 자신의 모습을 판단하는 오류를 범하지는 말아야 합니다. 이는 주관적이어서 제대로 된 판단을 내릴 수 없기 때문입니다.

엄마 품에 안겨 있는 아기들처럼 편안한 미소는 그만큼 상대방에게 마음의 안정감과 호감을 줄 수 있습니다. 반대로 시든 꽃 같은 어색한 인상은 상대방을 긴장하게 만듭니다. 미소는 보여지는 모습에 따라 누군가를 내 편으로 끌어당길 수도, 내칠 수도 있습니다.

우리가 즐겨 듣는 노래 중에 '사람이 꽃보다 아름다워' 라는 노래가 있습니다. 사람이 꽃보다 더 아름다울 수 있는 이유는 바로 환한 미소가 있기 때문입니다. 미소 하나에 마음이 열리고 미움이 사라지는 것입니다.

'웃는 자에게 복이 온다' 는 옛말이 있습니다. 이 말은 하늘이 내리는 복도 웃는 사람에게 간다는 뜻입니다.

성공을 하고 싶다면 억지로라도 미소를 지어보세요. 미소는 때로 긴장된 분위기를 부드럽게 해주고 친밀감을 더해줍니다.

꽃이 아름다운 이유는 꽃잎이 활짝 열려 있기 때문입니다.

그렇듯 여러분도 밝은 미소를 띠어보세요. 미소가 당신에게 예기치 못한 소중한 기회를 가져다줄지도 모릅니다.

"사람의 웃는 모양을 보면 그 사람의 본성을 알 수 있다. 누군가를 파악하기 전에 그 사람의 웃는 모습이 마음에 든다면 그 사람은 선량한 사람이라고 자신 있게 단언해도 되는 것이다."

이렇듯 도스토예프스키는 미소에 그 사람의 모든 것이 담겨 있다고 말합니다. 미소는 그 사람의 내면의 모습이라고 해도 과언이 아닐 것입니다. 그만큼 미소는 그 사람의 진실과 가식을 있는 그대로 드러내주기 때문입니다.

모든 사람들은 성공을 꿈꿉니다. 하지만 성공은 그저 바라고 꿈만 꾼다고 해서 저절로 이루어지지 않습니다. 수많은 성공의 기회가 숨어 있는 주변 사람들에게 친밀한 느낌을 줄 수 있어야 합니다.

친밀한 느낌은 누구나 쉽게 연출할 수 있습니다. 그것은 바로 자신이 가진 멋진 미소를 보여주는 일입니다. 환한 미소를 짓는 사람들의 얼굴에는 그늘이 없습니다. 밝고 긍정적인 면만 가득합니다. 성공의 기회는 이런 환한 미소를 짓는 사람에게 찾아듭니다.

봅 호프가 말했습니다.

"나는 웃음의 능력을 보아왔다. 웃음은 참을 수 없는 슬픔을 참을 수 있는 어떤 것으로 더 나아가 희망적인 것으로 바꾸어줄 수 있다."

'밝은 표정을 잃지 않게 하라.
즐겁다는 백 마디의 말보다
힘이 있고, 또 주변까지 밝게 해준다.'
누구나 어두운 표정 짓는 사람보다
밝게 웃는 사람을 더 좋아하고 신뢰합니다.
또한 웃는 사람과 함께 있다 보면
덩달아 마음이 쾌활해집니다.
성공한 사람들은 모두 밝은 미소를 잃지 않았습니다.
그들은 밝은 미소야말로
상대방의 마음의 문을 열게 할 뿐 아니라
적극 협조를 구하게 하는
강력한 무기임을 잘 알고 있습니다.

먼저 인사하기
행복한 인간관계를 만드는 습관

"안녕하세요!" 하고 미소 지으며 먼저 인사해보세요. 상대방도 덩달아 미소 지으며 인사를 건넵니다. 혹 좋지 않은 감정이 있다 해도 밝은 인사에 깨끗이 씻겨 나갈 것입니다. 인사는 딱딱한 분위기를 부드럽게 해주고 친밀감을 가져다줍니다.

사람들은 아름다운 꽃을 보며 "기분 나쁜 꽃이군"이라고 말하지 않습니다. 또한 활짝 웃는 얼굴로 인사하는 사람에게 인상 찌푸리거나 화를 내는 사람은 없습니다. 누구나 먼저 인사를 받으면 기분이 좋아집니다. 왠지 모르게 오늘은 좋은 일이 생길 것 같은 예감까지 듭니다. 상대방이 건네는 인사에 나를 배려하고 존중하는 따뜻한 마음이 담겨 있기 때문입니다.

밝은 미소로 인사를 나누는 사람의 얼굴보다 더 아름다운 얼굴은 없습니다. 마치 아름다운 꽃을 닮았습니다.

환하게 미소 지으며 건네는 인사는 두 사람간의 어색함을 풀어주는 마법과도 같습니다. 아무리 어색한 사이일지라도 진심으로 인사를 건넨다면 상대방의 얼굴에도 미소가 피어나게 마련입니다.

내 주위에 8년째 보험 세일즈를 하고 있는 사람이 있습니다. 그녀는 사람들에게 '안녕'이라는 애칭으로 불립니다. 그녀는 처음 보는 사람이라도 아주 오랫동안 알고 지낸 사람처럼 다정하게 인사를 건넵니다. "어머~ 안녕하세요? 반갑습니다." "이렇게 뵈니 더 반가운데요." 이런 인사를 받은 사람들은 한결같이 스스럼없이 말문을 열곤 합니다. 또 방금 지나쳤던 사람을 다시 만나더라도 반드시 인사를 잊지 않습니다. 그녀가 인사를 건넨 사람들은 대부분 그녀의 잠재 고객이 되었습니다.

인사 습관 덕분에 그녀는 누구보다 많은 인맥을 만들었고, 5년째 우수한 실적을 놓치지 않고 있습니다. 사실 그녀가 하루에 만나는 고객은 4~5명에 불과하지만 기존 고객들이 새로운 고객을 소개시켜주었기 때문입니다. 동료들이 세일즈 비결을 물을 때마다 이렇게 말하곤 합니다.

"밝게 인사하는 습관을 가져보세요."

반면에 얼굴을 마주쳐도 멀뚱멀뚱 쳐다볼 뿐 인사 한번 건네지 않는 사람들도 있습니다.

어떤 사람에게 더 호감이 갈까요? 너무나 당연하게도 인사를 건네는 사람일 것입니다. 따뜻한 마음이 담긴 인사에는 상대방을 위한 배려와 친절이 함께합니다. 따뜻하고 친절하게 대하는 사람을 좋아하지 않을 이유가 없겠지요.

인사도 없이 얼굴만 쳐다보는 사람은 '내 얼굴에 뭐 묻었나? 왜 자꾸 그렇게 쳐다보는 거야?' 하는 생각에 괜히 얄밉고 호감이 생기지 않습니다. 혹 여러분 중에 먼저 인사하기가 몸에 배어 있지 않은 사람이 있다면 먼저 인사하는 습관을 가져보세요. 처음에는 어색해서 힘들겠지만 포기하지 않고 꾸준히 노력한다면 호감을 주는 사람이 될 수 있습니다. 인간관계에서 상대방에게 편안함과 호감을 주는 것이야말로 큰 장점입니다.

미소를 지으며 상대방과 눈을 맞추며 건네는 인사가 가장 좋은 인사입니다. 직장이나 학교에서 종종 억지로 한다는 느낌이 드는 인사를 하는 사람을 보게 됩니다. 차라리 이런 인사는 처음부터 하지 않는 게 낫습니다. 이런 인사를 받은 상대방은 그나마 좋았던 기분마저 나빠질지 모르니까요.

'쳇! 누가 억지로 인사 하라고 했나?' 하는 생각도 들 것입니다. 이는 상대방과 친밀해지기보다 악화로 가는 지름길입니다.

인사는 누구나 돈 들이지 않고 쉽게 상대방의 마음을 얻을 수 있는 방법입니다. 그렇다고 해서 사소하게 생각해선 안 됩니다. 성공한 사람들은 친절한 인사를 함으로써 차가운 경쟁자를 친구로 만들었습니다. 절대로 인사를 사소하게 생각하지 않았습니다.

"훌륭한 예절과 부드러운 언행이 많은 난제들을 해결해주었다."

J. 벤부르의 말입니다.

말 한마디에 천 냥 빚을 갚는다는 속담이 있듯이 때로 친절한 인사는 뜻하지 않은 어려운 문제를 해결해줍니다. 세상의 모든 문제는 인간관계에서 비롯된 것이기 때문에 친절한 인사로 상대방에게 호감을 살 수 있다면 충분히 가능할 것입니다.

우리의 사소한 일이나 일상생활 속에는 삶을 눈부시게 바꾸어줄 기회들이 널려 있습니다. 그러나 대부분의 사람들은 그런 기회가 거창하고 아주 특별한 계기에만 찾아오는 것으로 착각하며 살아가고 있습니다.

어느 철학자는 말했습니다.

"친절함이 담겨 있는 인사는 서로간에 마음의 문을 열게 하고 우정과 사랑의 씨앗을 내리게 한다."

인사하는 습관이 몸에 배어 있지 않다면 지금부터라도 친구나 직장 동료들에게 먼저 인사를 건네보세요. 조금씩 노력하다 보면 머지않아 인사가 습관처럼 몸에 밸 것입니다.

따뜻하고 친절한 인사는
사람과 사람 사이에 사랑이 피어나게 합니다.
어색한 사이를 부드럽게 만들어주고
또 만나고 싶은 사람으로 변화시킵니다.
예쁜 옷이 외모를 가꾸어준다면
친절한 인사는 그 사람의 성품을 아름답게 가꾸어줍니다.
무엇보다 예의 바른 행동은
고귀한 성품의 최종적인 '완성의 꽃' 입니다.

메모
수많은 기회를 열어주는 습관

머릿속으로만 생각하면 내용이 잘 정리되지 않습니다. 또 이를 다른 사람에게 전하려 할 때 내용이 완벽하게 전달되지 않는 경우가 종종 있습니다. 이럴 때 '메모'를 활용하면 자신의 생각을 원활하게 전달할 수 있습니다.

사람의 기억력에 한계가 있기 때문에 메모는 반드시 필요합니다. 길을 걷거나 누군가와 대화를 할 때 좋은 아이디어가 떠오른 경험은 누구나 있을 것입니다. 대다수의 사람들은 금세 떠오른 아이디어를 강물처럼 흘려버립니다. 가방에 들어 있는 필기구를 꺼내는 것이 귀찮고 반짝 떠오른 아이디어가 사소하게 생각되기 때문입니다.

메모를 하찮게 생각하는 사람은 스스로 성공의 대열에서 이탈하는 사람입니다. 성공은 생각보다 더 가까운 곳에 있습니다.

성공은 언제나 우리를 바라보며 제발 나를 바라봐달라며 하소연할지도 모릅니다.

하지만 우리는 아직도 성공으로 향하는 수많은 열쇠가 반짝 떠오르는 아이디어에 숨어 있다는 것을 알지 못합니다. 링컨, 에디슨, 잭 웰치 등 성공한 이들의 공통점 가운데 하나가 메모 습관입니다. 이는 두뇌가 기억해야 할 짐을 메모에 맡기고 나머지 두뇌를 창의적으로 쓴 덕분입니다.

성공한 사람들은 항상 메모하기 위한 준비가 되어 있었습니다. 그들은 늘 필기도구를 지참했습니다. 아이디어를 메모하지 못하는 것은 돈으로 환산할 수 없는 엄청난 손해임을 저들은 잘 알고 있었기 때문입니다.

메모를 하면 상대방에게도 신뢰감을 줄 수 있습니다. 우선 메모를 하려면 상대방의 이야기를 경청하게 됩니다. 또 들은 이야기를 즉석에서 수첩에 메모하면 상대방은 '내 이야기에 집중하고 있구나.' 하는 생각이 들어 신뢰감마저 느끼는 것입니다.

《해리 포터》시리즈의 작가 조앤 K.롤링은 1965년 영국의 작은 마을에서 태어났습니다. 어린 시절부터 상상력이 풍부했던 그녀는 종이만 보이면 무엇인가를 긁적거리는 버릇이 있었습니다.

엑세터 대학 불문과를 졸업한 뒤 그녀는 런던의 한 회사에 비서로 취직하지만 얼마 못 가 해고당하고 말았습니다. 하지만 그녀는 생계를 위해 다시 회사에 취직해야 했습니다. 그러던 어느 날 기차

"메모하는 습관은 성공을 위한 초석이다"라는 말처럼 그만큼 메모는 우리에게 수많은 기회를 열어줍니다. 지금보다 더 나은 인생을 원한다면, 성공을 꿈꾼다면 메모하는 습관을 길러야 합니다.

를 타고 런던과 맨체스터를 오가던 중 창밖을 바라보다 '해리'라는 이름이 떠올랐습니다. 그녀는 그 자리에서 단숨에 마법사 소년의 이야기를 메모하기 시작했습니다. 이 이야기가 바로 20세기 최고의 베스트셀러 동화 《해리포터》 시리즈입니다.

1996년 6월 그녀의 첫 번째 작품 《해리포터와 마법사의 돌》이 완성되었습니다. 하지만 그녀에게는 8만 자에 이르는 장문의 소설을 복사할 복사비가 없었습니다. 하는 수 없이 그녀는 출판사에 보낼 원고를 일일이 낡은 타자기로 밤새워 쳐야 했습니다. 그러나 그녀는 '지긋지긋한 가난'에서 벗어날 수 있겠다라는 희망으로 힘든 줄 몰랐습니다. 그녀는 다음날 원고를 가지고 여러 출판사를 방문했지만 무명작가의 작품을 바라보는 출판사의 시선은 곱지 않았습니다. 그녀의 첫 작품은 무려 12개의 출판사로부터 거절을 당하는 수모를 겪었습니다. 출판사 측에서는 같은 말을 반복했습니다.

"어린이 책으로는 돈을 벌 수 없어요, 돈을 벌고 싶다면 성인을 위한 소설을 쓰는 게 어때요? 성인 소설이 완성되면 그때 다시 오세요."

정작 작품을 완성하고도 시련을 겪어야 했지만 그녀는 포기할 수 없었습니다. 그리고 며칠 후 상상할 수 없는 기적이 일어났습니다. 그녀의 작품을 단호하게 거절했던 블룸스베리 출판사에서 계약을 하겠다는 통보를 보내왔던 것입니다. 그리하여 조앤 K. 롤링의 판타지 동화 《해리포터와 마법사의 돌》은 전 세계 독자들에게 공개되어 출판 역사상 가장 큰 성공을 이루어냈습니다.

그녀는 어느 기자와의 인터뷰에서 이렇게 말했습니다.

"제가 무언가를 해냈다는 사실에, 또 제가 잘하는 일이 하나쯤
은 있다는 것이 너무나 기쁩니다. 사실 저는 다른 일에는 별 쓸모
가 없는 사람이었습니다. 그동안 같이 일한 사람들은 저처럼 조직
생활에 적응하지 못하는 사람은 처음 봤다고 했습니다. 사실 저는
일에 서툴렀습니다. 잘하려고 할수록 더 실수를 저지르곤 했어요.
하지만 이제 저는 가장 잘할 수 있는 일을 발견했고 지금 그 일을
하고 있어서 너무나 행복합니다."

조앤 K. 롤링은 어떻게 극빈층에서 최고 부유층으로 인생이
바뀔 수 있었을까요? 평소 메모하는 습관 때문이었습니다. 만일
반짝 떠오른 '해리'라는 이름을 메모하지 않고 흘려버렸다면 그
녀의 인생은 달라지지 않았을 것입니다. 그녀의 성공도 처음에
는 해리라는 이름의 메모에서 출발했습니다. 결국 그녀는 눈부
신 성공을 거두었습니다.

그녀는 자신을 진정으로 아껴주는 사람을 만나 사랑을 하는
행운과 엘리자베스 여왕으로부터 대영제국 훈장을 받았습니다.
또한 각종 문학상을 수상하고 모교에서 명예박사학위를 받기까
지 했습니다. 그녀는 메모로 인해 그동안의 아픔과 시련에 대한
값비싼 보답을 받았습니다.

그동안 우리는 메모를 등한시한 이유로 다양한 기회를 놓쳤
을지도 모릅니다.

"메모하는 습관은 성공을 위한 초석이다"라는 말처럼 그만큼 메모는 우리에게 수많은 기회를 열어줍니다. 지금보다 더 나은 인생을 원한다면, 성공을 꿈꾼다면 메모하는 습관을 길러야 합니다.

나는 메모하는 습관이 우리들을 꿈과 성공에 한걸음 더 다가갈 수 있는 견인차 역할을 하리라 믿습니다.

메모를 하찮게 생각하는 사람은
스스로 성공의 대열에서 이탈하는 사람입니다.
우리가 간절히 원하는 성공은
생각보다 더 가까운 곳에 있습니다.
링컨, 에디슨, 잭 웰치 등 성공한 사람들의
공통점 가운데 하나가 메모 습관입니다.
메모하는 습관은 성공을 위한 초석입니다.
메모는 우리에게 수많은 기회를 열어줍니다.

저축
돈의 마법사가 되게 해주는 습관

"내가 처음으로 1달러를 저축했을 때 마치 백만장자가 된 듯이 기뻤습니다. 어린 시절 그만한 돈을 모으는 일은 쉽지 않았으니까요. 그 시절 나는 날마다 번 돈을 저축하며 절대 궁핍하게 살지 않겠다고 굳게 결심했습니다."

백화점 왕 워너메이커는 어린 시절부터 그 누구보다 저축의 중요성을 잘 알고 있었습니다. 그는 14살 때부터 고용살이를 시작해 뉴욕의 브로드웨이에 거대한 워너메이커 백화점을 세웠습니다. 그는 전 세계에 YMCA 건물을 지어주었는데, 우리나라 종로2가에 있는 YMCA 건물도 그 중에 하나로 알려져 있습니다.

워너메이커는 꾸준한 저축을 통해 부를 축적했습니다. 또한 그는 돈이 얼마나 소중하고 아름다운지를 보여주었습니다. 그가 백화점 왕이 될 수 있었던 것은 저축의 힘 덕분이었습니다.

벤자민 프랭클린이 말했습니다.

"돈의 가치를 알아보고 싶거든 나가서 남에게 돈을 꾸어달라고 요청해보라. 적에게 돈을 꿔주면 그를 이기게 되고, 친구에게 꿔주면 그를 잃게 된다."

돈이 지니고 있는 마법은 참으로 다양합니다. 돈은 사람에게 기쁨과 편안함을 줄 수 있지만 절망과 슬픔, 불안함을 줄 수도 있습니다.

"돈은 최선의 종이요, 최악의 주인이다."

프랜시스 베이컨의 이 말처럼 돈은 어려운 사람들을 도울 수도 있지만 자신의 이기적인 욕심을 위해 온갖 악행을 저지르게도 합니다. 돈은 사용하는 사람에 따라 천사가 될 수도 악마가 될 수도 있습니다.

저축하는 습관을 기르면 여러모로 도움이 됩니다. 우선 살아가면서 닥치는 예기치 못한 경제적인 어려움에 대비할 수 있습니다. 그리고 어려움에 처한 가족이나 친구들에게 도움을 줄 수도 있습니다. 무엇보다 돈을 모으는 쏠쏠한 재미는 그 어떤 것과 비할 수 없습니다.

한 중견기업의 대표는 이런 말을 했습니다.

"그 사람의 성실성은 그 사람이 매월 저축하고 있는 통장을 보면 알 수 있습니다."

이처럼 저축의 의미는 엄청납니다.

성공한 사람들이 한순간에 좋은 기회를 얻은 것은 아니었습니다. 매일매일 명확한 목표를 가지고 행동에 옮겼을 뿐 아니라 수입의 일정 부분을 저축했습니다.

　그들은 쓰고 난 후 남는 여유 돈으로 저축한 것이 아니었습니다. 먼저 수입 중 일부분을 떼어 강제 저축을 했습니다. 갈수록 생활은 편리해지지만 생활고는 더욱 힘들어질 것입니다. 때문에 생활비와 용돈을 줄여 저축하지 않으면 안 됩니다.

　내가 아는 후배는 수입의 50%를 저축합니다. 처음에는 많은 어려움이 따랐다고 했습니다.

　"처음에는 20%, 다음에는 30%, 이런 식으로 천천히 저축을 늘려가면 큰 무리가 따르지 않아요. 용돈과 생활비를 계획적으로 쓰면 충분히 절약할 수 있습니다."

　얼마 전 후배는 그동안 저축한 돈으로 큰 행운을 잡았습니다. 몇 해 전 가까운 사람이 어려운 경제사정으로 내놓은 시골 땅을 싼 가격에 구입했는데, 얼마 전 그곳이 개발되면서 땅값이 수십 배로 뛰었던 것입니다. 물론 이런 행운은 그리 많지 않겠지만 무엇보다 저축해놓은 돈이 있으면 그렇지 않은 사람보다 더 많은 기회를 누릴 수 있는 것은 당연한 이치입니다. 무엇보다 큰돈이 들어가야 하는 어려움이 있을 때 곤란을 겪지 않아도 될 것입니다.

　저축하는 습관보다는 소비하는 습관에 젖어 있는 사람들이 많습니다. '저축을 하고 계십니까?' 라는 주제의 포털 사이트

여론조사 결과에 따르면, 직장인의 경우 급여를 받으면 자동차를 꾸미고 친구들과 술을 마시거나 전자제품 등을 충동적으로 구매하는 것으로 나타났습니다.

언제까지나 일정 급여를 받으며 직장을 다닐 수 없습니다. 뜻하지 않게 직장을 그만둬야 하는 사태도 생기곤 합니다. 저축은 미래의 보험, 연금과도 같은 것입니다.

아무리 수입이 많을지라도 저축하지 않고서는 부자가 될 수 없습니다.

지금 자신의 모습을, 가까운 미래에는 어떤 모습일까 생각해 보세요. 경제적인 자유를 누리며 행복하게 사는 모습과 항상 돈에 찌들어 절망적인 생활을 하는 모습 중 어떤 모습일지 떠올려 보세요.

자신의 모습이 절망적으로 비쳐진다면 저축하는 습관을 들여야 합니다. 만일 이대로 생활을 방치한다면 정말 그렇게 될 것입니다.

자, 지금부터라도 세밀한 계획을 세워 수입과 지출을 체크해 보세요. 또한 평소에 저축하는 사람은 그렇지 않은 사람보다 기회를 잡을 확률이 많다는 것을 잊지 말아야 합니다.

저축은 행복한 내일로 가는
티켓과도 같습니다.
지금 당장은 생활비를 줄여야 하는
고통이 따르겠지요.
그러나 먼 훗날 경제적인 여유를 누리며 사는
기쁨, 행복에 비하면 아무것도 아닐 것입니다.
우리에게는 살아온 날보다
살아갈 날이 더 많습니다.
남아 있는 소중한 날을 위해 저축하는
습관을 들여야겠습니다.

일단 한번 긍정하기

성공의 파트너가 되게 해주는 습관

옛날, 어느 위대한 장군이 전쟁터에서 중대한 결단을 해야 할 시점에 몰렸습니다. 1천 명 남짓한 병사를 거느리고 1만 명이 넘는 용병이 기다리고 있는 적진 한가운데로 쳐들어가지 않으면 안 될 상황이었습니다.

장군은 병사들을 각 선박에 나누어 태운 다음 가만히 적국으로 숨어들었습니다. 장군은 군사와 무기, 탄약을 배에서 내린 다음 모든 배를 불태워 버리도록 명령했습니다. 사람들은 휘둥그레진 눈으로 장군을 바라보았습니다.

장군은 화염에 휩싸이는 배들을 가리키며 말했습니다.

"제군들, 지금 우리의 배가 불타고 있다. 우리에게는 이제 도망갈 배조차 없다. 그러므로 싸워서 이기는 것 말고는 살아서 도망갈 길이 없다. 우리에게는 승리가 아니면 전멸이 있을 뿐이다."

놀랍게도 그들은 이 싸움에서 이겼습니다. 목표하는 것이 무엇이건 승리를 얻기 위해서 아군의 배를 불태워 달아나기 위한 모든 수단을 끊어버렸던 것입니다.

우리가 실패하는 원인 중에는 이러한 심리가 작용합니다. 실패하기도 전에 미리 달아날 도피처를 마련하는 생각. 이런 부정적인 생각으로 인해 충분히 성공으로 이끌 수 있는 일조차 실패하고 마는 것입니다.

자신의 분야에서 성공한 사람들은 강한 자신감에 차 있습니다. 이런 자신감은 밝은 생각을 불러옵니다. 이런 생각들은 마치 거대한 자석과 같이 밝고 적극적인 사람을 끌어당깁니다. 반대로 절망적인 생각을 하는 사람에게선 어떤 자신감도 찾아볼 수 없습니다. 이들이 어둡고 부정적인 사람을 끌어당기는 건 당연하겠지요.

이 말이 잘 이해가 되지 않는다면 주위 사람들을 떠올려보십시오. 먼저 밝은 성격에 잘 웃는 친구를, 다음에는 언제나 어두운 성격에 화난 표정을 하고 있는 친구를 떠올려보세요. 그들 주위에 주로 어떤 성격을 가진 친구들이 많은지 금방 알 수 있을 것입니다.

성공하고 싶다면 밝은 성격과 자신감이 가득한 사람들과 가까이 해야 합니다. 그들은 긍정적인 자세로 임하기 때문에 그렇지 않은 사람보다 성공할 확률이 높습니다. 이런 사람들과 가까이 하면 자연스레 그들의 열정을 본받고 성공 비결을 배울 수 있습니다.

성공에 이르기 위해서는 긍정적인 자세가 절대적으로 필요합니다. 긍정적인 자세를 유지하는 사람은 어떤 난관에 처하더라도 여유를 잃지 않습니다. 또한 쉽게 절망하지 않습니다. 이런 가운데 성공을 열어주는 기회를 발견할 수 있습니다.

세상의 모든 성공은 긍정적인 자세를 가진 사람들을 위한 선물과도 같습니다. 만유인력의 법칙처럼 성공도 긍정적인 자세에 의해 만들어집니다.

모든 사람들은 성공이라는 정상에 오르고 싶어 합니다. 하지만 그러기 위해선 먼저 자신이 어떤 사람인지, 그리고 어떤 생각을 하고 있는지 곰곰이 살펴볼 필요가 있습니다. 자신의 생각이나 모습에 따라 인생이라는 그림이 그려지기 때문입니다.

우리가 부정적인 자세로 시도한다면 부정적인 결과를 초래할 것입니다. 반대로 긍정적인 자세로 시도한다면 반드시 긍정적인 결과를 가져올 것입니다. 이는 단순한 듯 보이지만 명백한 진리입니다.

현재 자신이 취하는 자세는 자기 스스로 잠재의식 속에 저장한 것입니다. 또한 이런 자세는 모든 생각과 행동의 직접적인 결과로 나타납니다. 지금 자신이 부정적인 자세를 취하고 있다면 그것은 스스로 부정적인 반응들을 선택해왔기 때문입니다.

반대로 긍정적인 자세를 취하고 있다면 그것은 긍정적으로 사고하고 행동하는 것을 선택했기 때문입니다. 쉽게 말하면 지금 지니고 있는 사고방식은 자기 자신에게 책임이 있다는 것입니다.

중요한 것은 자신이 어떤 사람이 되고자 하는가입니다. 자신의 배경은 아무 의미가 없습니다. 사고방식은 평소 자신이 무엇을 믿고, 어떻게 형성하고자 하느냐에 크게 좌우됩니다.

그런데 어떤 사람들은 자신의 엄청난 잠재력을 제한하는 장애물들을 스스로 만듭니다. 왜 그들은 스스로 장애물을 만드는 것일까요?

잠재력을 활용하지 못하는 사람에는 일곱 가지 유형이 있습니다.

첫째, '난 지금이 편해' 라고 생각하는 사람. 사람들은 편한 곳에 안주한 채 현재 수준에 만족하며 살아가길 원합니다. 성공하기 위해 고생하는 것보다 편하게 살고 싶기 때문입니다.

둘째, '실패하면 어떡하지?' 라고 생각하는 사람. 사람은 신이 아니기에 누구나 뜻하지 않게 실수나 실패를 할 수 있습니다. 실수나 실패의 위험에 대한 두려움은 다른 새로운 것을 시도할 용기를 꺾는 것입니다.

셋째, '거절당하고 싶지 않아' 라고 생각하는 사람. 이런 사람은 다른 누군가에게 거절당할까봐 불안해하곤 합니다. 누군가에게 거절당할까봐 불안해하는 마음은 자신감 있는 행동들을 가로막습니다.

넷째, '배를 흔들고 싶진 않아'라고 생각하는 사람. 현재의 상태가 변할까봐 걱정하는 것은 가라앉는 배에서 구출되기를 바라는 것과 같습니다. 이런 걱정은 부정적인 것일 뿐 아니라 새로운 도전을 할 만한 가치가 없다고 믿게 만듭니다.

다섯째, '난 그럴 자격이 없어'라고 생각하는 사람. 거짓된 열등감과 정신적 빈곤은 자신의 잠재력과 보상에 대해 스스로 그럴 자격이 없다고 믿게 만듭니다.

여섯째, '성공은 나한테 해가 될 수도 있어'라고 생각하는 사람. 성공에 대한 두려움은 많은 사람들로 하여금 우물 안 개구리 신세가 되게 했습니다. 그들은 성공을 무가치하다고 느낍니다. 또한 성공을 생각해야 할지 모르기 때문에 무의식적으로 회피하게 됩니다.

일곱째, '나는 성공할 인물이 아니야'라고 생각하는 사람. 자기 스스로 모든 가능성을 닫아서는 안 됩니다. 성공은 특정한 사람만이 이룰 수 있는 선택된 기회가 아닙니다. 자신을 비하하거나 다른 사람에게 열등감을 느끼는 것은 자신만의 독특한 색안경을 쓰고서 삶을 바라보기 때문입니다. 당신이 원하는 성공은 당신의 강한 믿음으로 이룰 수 있습니다.

현재의 사고방식은 미래의 청사진이라고 할 수 있습니다. 이 청사진은 자기 자신이 선택한 결과라는 것을 잊지 말아야 합니다.

자아상은 다음과 같은 여섯 가지 요소들로 이루어집니다.

1. 자기 자신의 재능이나 능력에 관한 스스로의 믿음.
2. 한 인간으로서 스스로의 가치에 대한 믿음.
3. 다른 이들이 자신을 어떻게 받아들일 것인가에 대한 기대.
4. 스스로 어떤 사람이 되겠다는 확신.
5. 자신이 예상하는 앞으로의 미래
6. 자신이란 존재를 어떻게 실현해나갈지에 대한 생각

이 여섯 가지 요소들은 우리가 목표를 향해 나아갈 때 자신감을 심어줄 것입니다.

심리학자들은 인간이 평생 동안 지니고 있는 잠재력의 3분의 1도 사용하지 못한다고 말합니다. 이것은 누구나 잠재력을 조금만 더 끌어내기만 해도 놀라운 능력을 발휘할 수 있음을 의미하는 것입니다.

자신이 꿈꾸어왔던 인생을 살기 위해선 긍정적인 자세를 갖기 위해 노력해야 합니다. 긍정적인 자세가 성공에 꼭 필요한 요소들을 하나씩 끌어당기기 때문입니다. 성공을 꿈꾸는 사람에게 이보다 더 강한 파트너는 없습니다.

성공하려면 적극적이고
긍정적인 자세를 가져야 합니다.
자신과 비슷한 사고방식을 가진 사람들을
끌어당기기 때문입니다.
'할 수 있다'는 생각으로 가득 차 있다면,
긍정적인 자세를 가진 사람을
파트너로 만날 것입니다. 하지만
'나는 실패할 거야'라는 부정적인 자세를 가진다면,
늘 기회만 엿보다 있는 기회마저
놓쳐버리고 마는 사람을 만날 것입니다.
사람에게 가장 무서운 병은
에이즈나 암이 아닙니다.
그것은 바로 '할 수 없다'는
부정적인 자세입니다.

칭찬하기
나와 세상을 변화시키는 소중한 습관

상대를 내 편으로 가장 빠르게 만들 수
있는 방법은 칭찬입니다. 칭찬은 상대에게 용기와 믿음을 심어
줍니다. 이런 용기와 믿음은 불가능조차 가능하게 하는 힘을 지
니고 있습니다.

윤 대리는 평소 김 대리와 그다지 친하지 않았습니다. 서로
어색한 분위기로 회사 일을 한다는 것은 마음에 큰 부담이었습
니다. 그래서 고민 끝에 윤 대리는 먼저 김 대리에게 다가가기
로 마음먹었습니다.

어느 날 윤 대리는 김 대리에게 미소 지으며 말했습니다.

"김 대리, 이번 달 실적 좋던데 비결이 뭐야?"

"그냥 뭐… 열심히 하는 거지."

갑작스런 윤 대리의 칭찬에 김 대리는 머쓱했지만 마음 한편

으로는 기분이 좋았습니다. 평소 친하지 않은 윤 대리로부터 칭찬을 받았기 때문입니다. 그 이후로 김 대리도 윤 대리의 성과에 칭찬이 담긴 말을 건넸습니다. 칭찬 한마디가 두 사람이 서서히 닫혀 있는 마음의 문을 열고 서로에게 다가가는 계기가 되었습니다.

칭찬하는 지혜에 관한 책 중에서 켄 블랜차드의 《칭찬은 고래도 춤추게 한다》보다 더 좋은 책은 없을 것입니다. 오래 전에 이 책을 읽었는데 평소 칭찬이 습관화되지 않은 나에게 많은 교훈과 깨달음을 주었습니다. 이 책은 한 마디로 칭찬의 지혜와 힘에 관한 이야기입니다.

무게 3톤이 넘는 범고래들을 훈련시켜 멋진 점프 쇼를 연출하는 수석 범고래 조련사의 비결은 무엇일까요? 세계적으로 유명한 경제 컨설턴트이자 이 책의 저자인 켄 블랜차드는 그 비결이 바로 '칭찬'이라고 말합니다. 범고래의 묘기에 진심 어린 칭찬과 즉각적인 반응을 보여주면서 훈련시키면 '바다의 난폭자'라 불리는 범고래들조차 호흡을 맞춰 멋진 묘기를 선보일 수 있다는 것입니다.

칭찬을 받으면 계속 칭찬받을 일만 하고 싶어집니다. 하지만 비난을 받으면 비난받을 짓을 하고 싶은 반발심이 생기게 마련입니다. 남을 칭찬하면 자기 자신의 마음이 즐거워집니다. 상대에게 용기와 믿음을 심어주었다는 마음에서 즐거움이 생겨나는 것입니다.

처음 보는 사람에게 "생각했던 것보다 훨씬 미인(미남)이십니다"라거나 "영화배우 ○○○을 닮았다는 말 많이 들으시죠?"라는 말을 들으면 비록 그것이 빈말일지라도 일단 기분이 좋게 마련입니다.

처음 만난 자리에서 상대의 장점을 칭찬해주면 상대는 자연스레 경계심을 풀게 됩니다. 이는 대다수의 사람들이 닮고 싶은 인물을 상대에게 비유해 자기만족의 심리를 자극하면 궁극적으로 마음의 문을 열 수 있기 때문입니다.

"칭찬할 건더기를 찾아봐도 눈곱만큼도 없는데…" 하고 말하는 사람도 있습니다. 하지만 이는 거창한 칭찬거리만 찾았기 때문입니다. 우리는 누군가에게서 얼마든지 칭찬거리를 찾을 수 있습니다.

칭찬 노트를 만드는 것도 좋은 방법입니다. 상대에게서 칭찬거리가 보이면 곧장 노트에 기록해둡니다. 기록해두는 것만으로도 상대의 좋지 않은 점을 보는 시선에서 장점만을 보는 시선으로 바뀔 것입니다.

칭찬에는 단돈 십 원도 들지 않습니다. 상대에게 관심을 보이는 정도의 노력만 들 뿐입니다. 돈을 주면 순간의 기쁨을 얻을 수 있지만 칭찬은 오래도록 기쁨을 안겨줍니다. 원만한 인간관계를 위해선 칭찬하는 습관을 들여야 합니다.

누구나 칭찬을 듣는 순간 마음속에서 기쁨이 넘쳐나고 할 수

있다는 용기가 생겼던 적이 있을 겁니다. 상대의 한마디 말에
왜 이토록 행복해지는 것일까? 그것은 사람에게는 누구나 자신
의 능력을 인정받고 싶어 하는 마음이 있기 때문입니다. 또한
자신도 몰랐던 장점을 상대방의 관심으로 인해 깨달았기 때문
입니다.

다른 사람을 스스럼없이 칭찬하려면 먼저 자기 자신을 칭찬
할 줄 알아야 합니다. 자기 자신을 칭찬하는 사람만이 남 또한
칭찬할 수 있습니다. 나와 타인, 더 나아가 우리 모두가 행복해
질 수 있는 비결이 바로 칭찬입니다. 무엇보다도 사람을 변화시
키는 유일한 좋은 방법은 칭찬입니다.

꿈이 있는 사람은 상대방의 단점보다는 장점을 찾아 칭찬을
아끼지 말아야 합니다. 상대방은 자연스럽게 나에게 마음의 문
을 열 것입니다. 그러다 보면 '타인'에서 나를 도와주는 든든한
'동지'로 바뀔 것입니다.

곁에 있는 사람을 진심으로 칭찬해보세요.
그는 더욱 분발하려고 최선을 다할 것입니다.
반대로 비난을 하면, 그는 비난받을 짓을 하려는 반발심이 생깁니다.
온달을 뛰어난 장군으로 변화시킨 것은
평강공주의 애정 어린 칭찬입니다.
칭찬을 받으면 계속 칭찬받을 일만 하고 싶어집니다.
칭찬에는 돈이 들지 않습니다. 상대에게 관심을 가지면 됩니다.
돈을 주면 순간의 기쁨을 얻을 수 있지만 칭찬은 오래도록 기쁨을 안겨줍니다.

내 삶에 악센트를 불어넣는 Life Story

자신만만
라이프 스토리

바로 지금
이 순간을 살자

우리에게 가장 중요한 시간은 현재입니다. 과거는 이미 흘러가버렸고 미래는 아직 다가오지 않았기 때문에 어떤 영향력도 미칠 수 없습니다. 하지만 현재는 얼마든지 우리가 원하는 대로 변화시킬 수 있습니다. 때문에 현재를 어떻게 보내느냐에 따라 미래가 결정된다고 해도 과언이 아닙니다.

현재를 소중하게 보내야 합니다. 그것은 생산적인 활동으로 지금 이 순간을 꿈을 향한 밑거름으로 가꾸어야 한다는 말입니다. 만약에 현재를 대충 살아간다면 다가올 미래 또한 지나간 과거와 별반 다르지 않을 것입니다. 지금 자신의 모습은 과거의 모습이 축적된 것이니까요.

나는 스펜서 존슨이 쓴 《선물》을 읽으며 현재의 소중함을 깨달았습니다. 이 책은 누구에게나 주어진 '현재' 라는 평범한 선물이 우리 일생을 좌우하는 가장 위대한 선물임을 깨우쳐주고 있습니다.

이 책의 주인공 소년은 어린 시절 한 마을에 사는 지혜로운 할아버지로부터 '우리의 인생을 행복과 성공으로 이끌어주는 소중한 선물'에 대한 이야기를 듣습니다.

그것은 마법과 같지만 결코 마법이 아니며, 내가 이미 가진 것이지만 반드시 찾아내야 하는 선물입니다. 또한 그 선물은 이상한 나라의 엘리스처럼 신비한 나라에서 온 것도 아닙니다. 그것은 바로 내 곁에 늘 있지만 내가 알아차리지 못한 것이지요.

소년은 젊은이로 성장하며 사랑을 하고 직장 생활을 해나가면서 숱한 환멸과 좌절을 겪습니다. 하지만 마음의 평화를 주고 진정한 행복을 가져다준다는 '세상에서 가장 소중한 선물'을 늘 잊지 않고 생각했습니다.

그리고 마침내 선물의 의미를 깨닫게 됩니다. 그것은 믿기지 않을 만큼 평범하지만, 놀랍도록 위대한 선물이었습니다.

"바로 지금 이 순간을 살자. 내가 성공과 행복을 향해 한걸음 내디딜 수 있는 것은 바로 지금뿐이다. 나는 내일을 앞당겨 쓸 수 없고, 어제를 다시 쓸 수 없다. 오직 이 순간에 몰두하자."

소년은 이렇게 '바로 지금 이 순간이 가장 소중한 선물'임을 깨닫게 되면서 미래와 과거에 대해 다음과 같이 자각하게 됩니다.

"미래에 대한 두려움으로 현재에 충실하지 못하면 미래는 정말 두려운 현실이 된다. 현재에 최선을 다하며 미래를 계획하

자. 계획은 미래와 현재를 잇는 징검다리와 같다. 과거에서 배우지 못하는 한 과거는 영원히 나의 발목을 잡는다. 과거가 내 가슴을 아프게 한다면 바로 그 순간은 배움의 시간이다."

행복과 성공을 원한다면 바로 지금 일어나는 것에 집중해야 합니다. 또한 과거보다 더 나은 현재를 원한다면 과거에 일어났던 일들 속에서 교훈을 얻어야 합니다. 그 교훈을 가르침 삼아 지금은 다르게 행동해야 합니다.

우리가 살고 있는 현재의 모습은 가까운 미래와 연결되어 있습니다. 때문에 현재보다 더 나은 미래를 꿈꾼다면 꿈을 향한 계획을 세워야 합니다. 그리고 그 꿈이 실현되도록 행동으로 옮겨야 합니다.

옛날 어느 마을에 세 사람의 벽돌장이가 있었습니다.
그들에게 어떤 사람이 질문을 했습니다.
"당신은 여기서 무얼 하고 있습니까?"
첫 번째 벽돌장이는 이렇게 대답했습니다.
"보시는 바와 같습니다. 벽돌을 쌓고 있지요."
두 번째 벽돌장이는 이렇게 대답했습니다.
"하루 품삯을 벌기 위해 일합니다."
세 번째 벽돌장이는 꿈을 꾸듯 환한 표정으로 하늘을 우러러보면서 말했습니다.
"여기에 근사한 건물이 들어설 것입니다. 영원히 후세에 남을 대성당 말입니다. 이 지역 사람들의 가슴에 오아시스가 될 대성당, 저는 그것을 위해 이토록 부지런히 벽돌을 쌓는 중입니다."

세 번째 벽돌장이의 이야기는 계속 이어졌습니다.

"저는 지금 벽돌장이를 하면서 야간학교에 다니고 있습니다. 건설설계 공부를 하기 위해서지요. 지금은 보잘것없는 벽돌장이에 지나지 않지만 두고 보십시오. 장래에는 틀림없이 일류 건축가가 되어 있을 테니까요. 그것을 위한 첫걸음으로 우선 내년에 자격시험을 치를 겁니다."

이 이야기는 우리에게 많은 교훈을 주고 있습니다.

첫 번째 벽돌장이와 두 번째 벽돌장이는 아무런 목표 없이 살아가고 있습니다. 하지만 세 번째 벽돌장이는 하찮은 벽돌 쌓는 일을 하면서 자신의 목표를 향해 나아가고 있습니다.

이 세 사람 중에서 과연 누가 더 행복하게 살 수 있을까요? 대부분 사람들은 세 번째 벽돌장이라고 말할 것입니다.

어느 유명한 심리학자는 이렇게 말했습니다.

"행복이란 감정은 목표를 향해 나아가는 과정에 느끼는 성취감이다."

바꿔 말하면 목표가 없는 사람에게는 행복이란 존재할 수 없다는 말이기도 합니다.

꿈이 없는 사람의 인생은 바다에서 방향을 잃은 배와 같습니다. 꿈이 없으니 당연히 목표도 없을 테고, 이러한 인생은 얼마나 무의미할까요.

'나의 꿈은 무엇인가?' 라고 자문해보세요. 혹시 꿈을 잃어버렸다면 꿈을 찾아가는 여행을 떠나보라고 말하고 싶습니다. 꿈 없이는 어떠한 일도 성공할 수 없고 행복할 수 없기 때문입니다.

우리가 살아가는 일상 속에는 꿈을 잘게 썬 목표들이 들어 있습니다. 그래서 이 세상이 '살아볼 만한 곳' 으로 느껴지는 것입니다.

우리에게 가장 소중한 시간은
바로 지금 이 순간입니다.
과거와 미래는 어떻게 할 수 없지만
현재는 우리가 원하는 대로
할 수 있기 때문입니다.
행복한 삶을 살기 위해선
현재 속에서 충실하되 미래를 꿈꾸어야 합니다.
미래를 위해 지금 최선을 다하는 것은
성공을 예약하는 것과 같습니다.
지금 이 순간을 어떻게 사느냐에 따라
행복한 삶 또는 불행한 삶을 살 수 있습니다.

나만을 위한 설문지

질문의 수준이 삶의 수준을 결정합니다. 수준 있는 생각은 수준 높은 인생을 살게 해줍니다. 우리들의 마음속에는 질문에 대한 해답이 이미 들어 있습니다. 이 말에 혹 어떤 이들은 "아무리 고민해도 뾰족한 수가 떠오르지 않던데 무슨 소리하고 있어?"라고 반문할 수도 있을 것입니다. 하지만 이는 해답을 끌어낼 수 있는 긍정적인 질문이 아니거나 가치 있는 질문을 하지 않았기 때문입니다.

나는 다양한 책과 성공을 이룬 많은 사람들과의 관계를 통해 어떤 분야든 성공한 사람들과 그렇지 않은 사람들간의 차이를 발견했습니다. 그것은 성공한 사람들은 더 나은 질문을 하고 그 결과로 더 나은 해답을 얻는다는 것입니다. 성공한 사람들은 질문을 통해 어떤 상황에서든 자신이 원하는 성과를 얻을 수 있는 열쇠를 가지고 있었습니다.

소크라테스는 제자들에게 끊임없이 대화와 질문을 유도해서 그들 스스로 진리를 깨닫도록 했습니다. 그는 문제의 본질뿐만 아니라 문제를 풀 수 있는 열쇠가 자신의 마음속에 깃들어 있음을 알고 있었습니다.

우리는 생명을 유지하기 위해서 쉬지 않고 숨을 들이마십니다. 그렇듯 끊임없이 자신의 문제에 대해 질문하고 고민해야 너나은 삶을 살 수 있습니다.

'어떻게 해야 이 위기를 극복할 수 있을까?'

'우리 부부 사이에 무엇이 문제일까?'

'서로 헐뜯는 대신 위로하고 아껴주려면 어떻게 해야 할까?'

사업 문제, 부부 문제, 자녀 문제, 경제적인 문제 등에 관한 질문을 할 때 그에 적합한 답을 찾을 수 있습니다.

한밤중에 나치들이 어느 집에 들이닥쳤습니다. 단지 그들이 유대인이라는 이유만으로 찾아온 것이었습니다. 나치들은 가족을 모두 짐승처럼 몰아서 강제로 트럭에 태우고 크라우코우에 있는 죽음의 수용소로 보냈습니다.

눈앞에서 가족이 죽어가는 모습을 지켜보아야 했던 가장은 매일 밤마다 악몽에 시달려야 했습니다. 꿈속에서 아내와 아이들이 "살려달라"고 외쳐댔습니다. 꿈에서 깨어난 그의 온몸은 식은땀으로 흥건히 젖어 있기 일쑤였습니다.

힘들게 살아가던 어느 날 그는 자신을 둘러싼 악몽 같은 환경을 바라보면서 피할 수 없는 현실에 대항하기로 마음먹었습니다.

'나는 반드시 살아야 해. 나치들 손에 더러운 죽음을 당할 순 없어!'

수용소에 온 지 한 달이 지나고 있었습니다. 그는 하루만 더 있어도 죽을 것 같았습니다. 그는 당장 탈출해야 한다고 결심했습니다. 살아남기 위해서 자신이 무엇을 어떻게 해야 하는지 몰랐지만 마음속엔 꼭 탈출해야 한다는 생각이 가득했습니다.

그는 며칠 동안 다른 포로들에게 수없이 질문했습니다.

"어떻게 하면 이곳에서 탈출할 수 있을까요? 제발 좀 도와주십시오."

하지만 그들의 대답은 한결같았습니다.

"바보 같은 짓 하지 말게. 이곳에서 탈출한 사람은 단 한 사람도 없었다네. 괜히 탈출하다가 들켜 총살당하지 말고 이렇게 하루라도 더 사는 게 낫지 않겠나?"

그는 그들의 말에 수긍할 수 없었습니다. 무슨 일이 있어도 수용소를 빠져나가야 한다고 생각했습니다.

그는 자신에게 수없이 질문을 던졌습니다.

'어떻게 해야 내가 죽지 않고 살 수 있을까?'

'무사히 탈출할 수 있는 방법은 무엇일까?'

그는 깨어 있을 때나 잠자리에 들 때 항상 자신에게 이런 질문

을 했습니다.

그러던 어느 날 근처에서 매우 역겨운 냄새가 바람에 묻어 왔습니다. 그 냄새는 바로 시체 썩는 냄새였습니다. 모두들 지독한 냄새에 코를 막거나 입으로 얼굴을 가렸습니다. 하지만 그때 그의 머릿속에서 무언가 번갯불처럼 번쩍 했습니다.

'그래! 그거야.'

그가 일하는 작업장에서 그리 멀지 않은 곳에 가스실에서 죽은 수십 구의 시체들이 트럭에 던져지고 있었습니다.

그는 날이 저물 때까지 트럭 뒤에서 웅크리고 있었습니다. 주위가 어둠에 완전히 묻히자 그는 옷을 모두 벗어던지고 트럭에 있는 시체들 속으로 파고들었습니다. 그는 가만히 죽은 척하고 있었습니다. 잠시 후 트럭에 시동이 걸렸고 덜컹거리며 달리기 시작했습니다. 마침내 트럭은 커다란 구덩이 앞에 멈추었습니다. 나치들은 수십 구의 시체를 구덩이에다 던져 넣고는 되돌아갔습니다. 그는 주위에 아무도 없는 것을 확인하고 구덩이에서 나와 알몸으로 자유를 향해 쉬지 않고 달렸습니다.

그가 자기 자신에게 '살기 위한 방법'에 관한 질문을 하지 않았다면 결코 살 수 없었을 것입니다. 하지만 그는 간절히 살고 싶었고 자신이 살기 위한 방법을 스스로에게 물었습니다. 수없이 던진 질문은 탈출할 수 있는 해답을 그에게 선물했습니다.

하지만 자신에게 질문할 때 주의할 점이 있습니다. 부정적인 질문을 피하라는 것입니다.

'왜 그는 항상 나를 못살게 구는 걸까?'
'내가 잘해주는데도 왜 고마워하지 않는 걸까?'
'그가 나를 좋아할까?'

이런 부정적인 질문은 부정적인 해답만 줄 뿐입니다. 때문에
오히려 관계가 호전되기보다 악화되는 것입니다.

'내가 어떻게 하면 그(그녀)를 기쁘게 해줄 수 있을까?'
'그녀(그)의 모습 중에서 가장 사랑스러운 점은 무엇일까?'
'동료들에게 사랑받으려면 내가 어떻게 하면 될까?'

반대로 이런 긍정적이 질문은 긍정적인 해답을 안겨줍니다.
따라서 자신을 더욱 생산적이고 발전적인 모습으로 변화시킬
수 있는 것입니다.

질문은 우리가 상상하는 것보다 더 큰 힘을 발휘합니다. 그동
안 자신이 알지 못했던 잠재력을 깨닫게 해주고 한계라고 믿었던
장벽을 무너뜨리기까지 합니다. 우리보다 앞서가는 사람들 대부
분은 저마다 스스로에게 수준 있는 질문을 던진다는 것을 잊지
말아야 합니다. 그들은 자신의 마음속에 세상에서 가장 지혜로운
스승이 들어 있음을 알고 있습니다. 또한 질문을 통해 자신이 원

하는 결과를 얻을 수 있다는 것도 알기 때문입니다. 인간의 발전은 새로운 질문에 의해 진행된다고 해도 과언이 아닙니다.

운명을 결정하는 것은 자기 자신에게 던지는 질문입니다. 어떤 질문을 던지느냐에 따라 성공적인 인생을 살 수도, 불행한 인생을 살 수도 있습니다. 성공적인 인생을 원한다면 스스로에게 질문하는 습관을 들이십시오.

'나는 왜 이렇게 살아야 하는가?'
'왜 매일 변화하지 못하고 현실에 안주하는가?'
'왜 변화해야 하는 걸까?'

자신에게 '왜'라는 질문을 끊임없이 던져보십시오. 그러면 마음속이 성공을 이끌어주는 플러스 요인들로 가득 찰 것입니다. 질문은 마음속에 있는 마법사들에게 자신의 소망을 알려주는 마술도구와 같습니다. 자신의 소망을 구체적으로 신중하게 생각하고 나서 그것을 질문할 때, 그 질문은 소망을 이룰 수 있는 길을 제시해줍니다.

성공한 인생을 살기 위해서는 자기 자신에게 가치 있는 질문을 꾸준히 던져야 합니다.

성공한 사람들은 질문을 통해
어떤 상황에서든 최상의 해답을 얻었습니다.
마찬가지로 여러분도 벽에 부딪히거나
더 나은 방법을 찾을 때
스스로에게 질문을 던져보십시오.
질문은 상상하는 것 이상으로
위대한 힘을 지니고 있습니다.
긍정적인 질문은 눈부신 성공으로 이끌지만
부정적인 질문은 절망으로 인도합니다.

괜찮아, 잘될 거야

세상에는 수많은 사람들이 살아가고 있습니다. 어깨를 펴고 당당하게 걸어가는 사람이 있는 반면에, 어깨를 움츠리고 땅을 보며 걷는 사람도 있습니다. 이 두 사람 중에 어떤 사람이 자신감을 가지고 살아가는 사람일까요?

그렇습니다. 어깨를 펴고 당당하게 걸어가는 사람입니다. 자신감은 사람에게 있어 열정만큼이나 중요합니다. 열정은 어떠한 일을 계속 지속시켜주는 에너지이지만, 자신감은 두려움을 제거해주는 백신과도 같기 때문입니다.

미국인 성형외과 의사였던 맥스웰 몰츠 박사는 이런 말을 했습니다.

"인생의 모든 함정과 구덩이 중에서 자기무용감(즉 자신은 아무 쓸모가 없다고 하는 느낌)은 가장 무서운 것이며 극복하기도 가

인생을 살아가면서 실패를 경험하지 않을 수 없습니다. 그러나 실패를 두려워

하지 않고 성공을 위한 밑거름이라고 생각하면 자신감을 기를 수가 있습니다. 자신

감이 있는 한 그동안 꿈꾸어왔던 성공을 이룰 수가 있습니다.

장 어려운 위험물이다. 왜냐하면 그런 함정은 자신의 손으로 설계하고 파놓는 함정이기 때문이다. 그런 마음가짐은 '해봤자 아무 소용이 없어. 나는 할 수가 없을 텐데 뭐.' 하는 느낌을 말한다."

스스로 쓸모없다고 생각하는 것은 개인적으로도, 사회적으로도 큰 손해입니다. 모든 발전 가능성을 무너뜨리기 때문입니다. 맥스웰 몰츠 박사가 지적한 자기무용감은 스스로 인생을 갉아먹는 패배주의입니다.

우리가 패배주의에 젖어 있으면 그것은 겸손이 아닌 성격결함입니다. 겸손이란 남을 높여주고 자신을 낮추는 미덕이지만 패배심은 자신을 무용지물로 생각하여 자신에게 아무런 가치도 부여하지 않는 태도를 말합니다. 강한 자부심을 갖고 있는 사람은 다른 사람들에게 시기나 질투심, 적개심을 느끼지 않습니다.

또한 자신에 대해 변명하지 않을 뿐 아니라 사물을 공정하게 보는 능력을 갖추게 됩니다. 그리고 자부심이 있는 사람은 자기의 고집을 남에게 강요하지도 않습니다.

세상에는 '어떤 일을 하든지 성공하는 사람'과 '어떤 일을 해도 실패하는 사람'이 있습니다.

어느 철학자가 말했습니다.

"실패와 성공은 자신감이라는 영양분이 들어 있느냐, 결핍되어 있느냐에 달려 있다."

전쟁터에 나가는 병사들이 자신감이 없다면 아무리 많은 수의 군대라 할지라도 이미 패배한 것이나 다름없습니다. 전쟁을 하기 전에 이미 병사들의 마음속에 두려움이 가득 차 있기 때문입니다.

우리는 성공한 사람들의 경험을 텔레비전이나 책을 통해 보고 읽습니다. 그들은 일반 사람들보다 몇 배나 더 고통스러운 실패를 겪었던 사람들입니다. 그러나 끝까지 자신감을 잃지 않고 실패를 거울 삼아 포기하지 않았기 때문에, 결국 성공이라는 황금 열쇠를 잡을 수 있었던 것입니다.

자신감이 강한 사람은 그릇이 큰 사람입니다. 이와 반대로 자신감이 결여되어 있는 사람은 그릇이 작은 사람입니다. 누구나 알듯이 큰 그릇에는 많은 음식을 담을 수 있지만 작은 그릇은 조금밖에 담을 수 없습니다. 사람도 자신감이 있어야만 원하는 일을 힘차게 밀고 나갈 수 있습니다.

때론 뜻하지 않은 어려움에 부딪힐지라도 '하면 된다'는 신념이 필요합니다. 이러한 신념은 바로 자신감에서 비롯되는 것입니다. 때문에 자신감이 중요하다는 말은 아무리 강조해도 지나치지 않겠지요.

자신감은 전기제품을 움직이는 전기와도 같습니다. 정격 전압보다 약한 전기는 전기제품을 제대로 움직일 수 없습니다. 그렇듯이 자신감이 약하다면 큰일을 해낼 수 없습니다.

성공을 꿈꾸기 전에 먼저 자신감을 찾아야 합니다. 자신감이야말로 성공의 문을 여는 열쇠와 같습니다.

성공한 사람들의 큰 특징은 강한 자신감을 마음속에 품었다는 것입니다. '잘되어야 하는데'가 아니라 '꼭 잘될 거야'라고 확신하는 자신감이 그들을 성공으로 이끌어주었습니다.

자신감은 작은 성공의 경험을 통해서 얻어지는 마음가짐입니다. 무슨 일이든지 처음 시도할 때는 주저하는 마음을 갖게 마련입니다.

우리는 어렸을 때 자전거를 타는 것을 배웠습니다. 뒤에서 누군가 자전거를 붙들고 있을 때는 무섭지가 않았습니다. 하지만 아무도 자전거를 잡고 있지 않음을 아는 순간 자신감이 사라지면서 그대로 넘어지고 말았습니다. 그러나 자전거를 뒤에서 잡고 한참 따라가다가 살짝 놓아버리고 나서 잡고 있는 척했을 땐 어땠을까요? 계속 넘어지지 않고 자전거 페달에 발을 올려놓을 수 있었습니다.

그리고 한참 후 자기 혼자서 넘어지지 않고 자전거를 탔다는 성공의 경험을 했을 때 자신감이 생겨서 그 후로는 잘 탈 수 있었던 것입니다.

성공은 성공을 낳습니다. 우리는 차근차근 성공의 경험을 쌓아나가야 합니다. 자신감을 기르려면 과거의 실패는 마음에서 털어버려야 합니다. 그 대신 성공의 경험을 떠올려야 합니다.

발명가 찰스 케터링은 말했습니다.

"과학자가 되려고 뜻을 세운 청년이 한 번의 성공을 경험하기 위해선 아흔아홉 번의 실패를 감수해야 하고 그 많은 실패로 인하여 고통을 느끼지 않아야 한다."

인생을 살아가면서 실패를 경험하지 않을 수 없습니다. 그러나 실패를 두려워하지 않고 성공을 위한 밑거름이라고 생각하면 자신감을 기를 수가 있습니다. 자신감이 있는 한 그동안 꿈꾸어왔던 성공을 이룰 수가 있습니다. 간혹 자신감이 줄어들거나 부정적인 생각이 머릿속을 파고들 때면 예전의 성공 경험을 떠올려보세요. 그러면 자신감이 샘물처럼 솟아날 것입니다.

"세상의 어떤 것도 강한 의지를 대신할 수 없다.
사람은 재능만으론 성공할 수 없다.
성공하지 못한 사람들이 공통적으로 갖고 있는 것 중
하나가 바로 재능이다.
천재성만으로도 안 된다.
천재이면서도 평범한 삶을 사는 사람은 어디에나 있다.
끈기 있는 노력과 강한 의지력만이
전능한 힘을 갖고 있다."
이것은 미국의 30대 대통령 캘빈 쿨리지의 말입니다.
재능보다 더 위대한 것이 바로 강한 의지력입니다.
의지력과 강한 자신감이야말로
평범한 사람을 위대한 성공자로 이끌어줍니다.

스물아홉 번째

Life Story ★

위풍당당
마이 스토리

내가 아는 후배에 관한 이야기입니다.

그녀는 경상도 시골에서 자라서 읍내에 있는 학원에서 피아노를 시작했습니다. 그리고 고등학생이 되어서야 서울에 있는 선생님을 찾아가 레슨을 받았습니다. 그녀는 선생님들의 지도를 무리 없이 잘 따라갔고 새로 알려주는 방법도 금세 알아듣는 명석함이 있었습니다.

지도 선생님은 늘 그녀가 조금만 더 빨리 서울로 와서 본격적인 레슨을 받았다면 얼마나 좋았을까 하며 안타까워했습니다.

어느 날 그녀는 선생님에게 국내 최고의 대학교에 입학하겠다고 말했습니다. 그러자 선생님도 좀 반신반의하는 듯한 표정이었습니다. 아직 그녀의 실력은 들쭉날쭉했고 고르지 않았으니까요.

하지만 그녀는 자신의 생각대로 입학시험을 치르기로 마음먹었습니다. 입학시험을 치른 그녀의 필기시험 성적과 실기시험 성적은 걱정했던 것 이상으로 좋았습니다. 그래도 그녀는 혹시나 하는 염려 때문에 다음해에 다시 도전해야겠다는 생각으로 편하게 면접시험에 응했습니다.

그러나 면접관의 질문은 바짝 긴장하고 있었던 그녀의 두려움을 일순간 없애주었습니다.

면접관이 딱딱한 어조로 물었습니다.

"작곡은 얼마나 공부했습니까?"

"4년 정도 했습니다."

이번에는 면접관이 비꼬는 듯한 투로 물었습니다.

"그 실력으로 우리 학교에 들어올 수 있겠어요?"

그녀는 자신의 주소지를 보고 공부한 해를 물은 면접관의 질문에는 적잖은 조소가 깔려 있음을 알아챘습니다. 예술고등학교 출신도 아닌 시골 출신이 겨우 4년을 공부해서 명문대학교에 들어오겠다고 하니 비웃음도 나올 만했습니다.

하지만 그녀는 전혀 떨지 않고 당당하게 말했습니다.

"저는 떨어지더라도 경험 삼아 이 학교에 도전한다는 생각은 한 번도 한 적이 없습니다. 꼭 이 학교에서 공부하겠다는 생각으로 열심히 했습니다. 저는 누구보다 음악을 사랑하고 좋은 음악을 만들 것입니다. 저는 최선을 다할 것이고 제 자신을 믿고 여기까지 왔습니다. 선생님들이 저를 떨어뜨리신다고 하더

라도 저 자신에 대한 믿음을 버리지 않을 것입니다. 실망하지
않을 것입니다."

그녀는 면접을 마치고 나오면서 자신이 떨어질 것이라고 생
각하면서도 아주 편안하고 만족스러운 기분이었습니다.

며칠 후 그녀는 마침내 합격했다는 통보를 받았습니다. 그녀
는 비록 다른 지원자들에게 실력은 떨어졌지만 누구보다 자신
의 판단과 선택을 믿었습니다. 또한 자신을 사랑하는 마음을 잃
지 않았습니다. 그렇기에 면접관에서 주눅 들지 않고 당당하게
말할 수 있었습니다.

만약에 그녀가 면접관에게 어두운 표정으로 말했다면 어떻
게 되었을까요? 분명 입학의 기회는 다른 사람에게 주어졌을 것
입니다. 어두운 표정은 스스로 실력이 부족함을 뜻하는 것일 테
니까요. 세상에 실력이 부족하고 열정이 없는 사람에게 기회를
줄 사람은 아무도 없습니다.

중학교 시절, 친구와 오백 원짜리 동전을 던져서 내기를 하
곤 했습니다. 나는 학이 있는 면이, 친구는 숫자가 적힌 면이 나
올 때 아이스크림을 사기로 했던 것입니다.

처음에는 내가 학이 있는 면이 자주 나오는 듯해서 속상했지
만, 시간이 지날수록 숫자가 적힌 면이 더 자주 나왔습니다. 그
러나 결과적으로는 나와 친구는 서로 비슷하게 아이스크림을
샀습니다.

인생도 동전의 앞뒷면과 비슷합니다. 포기하지 않고 계속 던지다 보면 그만큼 원했던 면이 나올 확률도 높아지는 것입니다. 비록 지금의 현실은 힘이 들어 좌절을 겪지만 계속 노력하다 보면 언젠가는 눈부신 날도 있을 것입니다.

쉬지 않고 자신이 하는 일에 빠져 산다면 언젠가 꿈 같은 일이 다가올 것입니다.

대부분의 사람들이 처음에는 열정적으로 시작하지만, 시간이 지나면서 포기하고 다른 일을 기웃거리게 됩니다. 이때부터 결과는 실패와 성공의 중간 지점에서 다시 실패로 돌아서고 마는 것입니다.

성공한 사람들은 명석한 두뇌와 해박한 지식보다는 쓰러져도 다시 일어서는 인내력이 강한 사람들입니다. 이들은 주위에서 아무리 불가능한 일이라며 외쳐도 자신이 믿고 시작한 일을 끝까지 밀고 가는 강한 믿음의 소유자들이었습니다. 스스로에 대한 믿음 때문에 성공을 거머쥘 수 있었던 것입니다.

우리는 쇼핑할 때 혼자 다니는 것보다 누군가와 함께 하고 싶어 하는 경향이 짙습니다. 남의 쇼핑을 따라다니는 것처럼 따분한 일도 없지만 그래도 친구들과 함께 쇼핑한다면 자신에게 잘 어울리는 상품을 고를 확률이 높기 때문입니다.

대부분의 사람들은 상품이 마음에 들면 같이 간 사람에게 "이거 어때?" 하고 묻습니다. 그리고 친구가 "별론데"라고 말하면 그대로 제자리에 놓아버립니다. 반대로 친구가 "멋있어"라고 말하면 신발까지 신어보기도 합니다.

사람들은 자신의 판단을 미심쩍어하는 경향이 있습니다. 이 선택이 옳은 것인지 그른 것인지 누군가에게 확인받고 싶어 합니다. 이런 경향은 성장기 때 부모님 혹은 형제들에게 자신에 대한 판단을 많이 맡겨온 사람일수록 강하게 나타납니다.

이런 부분에 취약한 사람은 사회생활을 하면서 늘 살얼음판을 걷는 마음일 것입니다. 이럴 때는 어떻게 해야 할지, 저럴 때는 어떻게 해야 할지 판단이 서지 않아 쩔쩔매는 가운데 시간만 흘러갑니다. 또한 쉽게 지치고 생활 속의 즐거움은 사라져버리게 마련입니다. 그러다 보니 사는 게 재미가 없고 고통스럽게 느껴지는 것입니다.

자신의 판단과 선택을 믿고 결연하게 결정할 수 있어야 합니다. 사회는 자기 자신을 신뢰하는 사람을 원합니다. 자신의 생각이나 행동에 대한 결정을 내릴 수 없는 사람은 사회생활에서도 올바른 결정을 내릴 수 없습니다.

자신을 신뢰하는 것은 전적으로 성공할 것이라고 확신하기 때문은 아닙니다. 실패할 수도 있습니다. 하지만 성공하든 실패하든 그 결과는 자신이 책임진다는 생각만으로도 당당해질 수 있습니다.

자신의 판단이 성공적인 결과를 가져오지 못할 것이라는 두려움을 버려야 합니다. 자기 자신을 신뢰하지 못한다면 아무도 당신에게 믿음을 가질 수 없을 것입니다.

오늘 하루 종일 비가 내린다고 해서
내일도 비가 내리라는 법은 없습니다.
그렇듯이 지금 이 순간이 힘들다고 해서
내일도 힘들 거라고 단정할 수는 없습니다.
인생은 동전과 같습니다.
오늘 하루가 뒷면이라면
내일은 앞면이 될 수 있습니다.

Life Story ★ 서른 번째

척하는 인생을
거부하자

삶을 대하는 자세에는 두 가지가 있습니다. 주도적인 자세와 대응적인 자세입니다. 주도적인 자세는 자신이 주인이 되어 살아가는 태도입니다. 자신의 행복을 주변 사람이나 주변에서 일어나는 사건에 맡기는 것이 아니라 스스로 운명을 이끌어가는 삶입니다. 스스로 세운 가치관에 따라 반응하고, 자신의 행동에 대해 책임을 지는 태도입니다. 당장 어쩌지 못하는 문제에 초점을 맞추는 대신, 작은 것이라도 스스로의 힘으로 변화시킬 수 있는 일에 에너지를 집중하는 삶입니다.

반면에 대응적인 삶은 본능적으로 반응하는 삶입니다. 자극과 반응 사이에 가치관이라는 필터가 존재하지 않는 형태입니다. 싫은 소리를 들으면 곧바로 짜증을 내고, 아프면 소리 지르고, 길이 막히면 불평하고, 일이 뜻대로 안 되면 분통을 터뜨리고 하는 그런 삶입니다.

주도적인 삶을 위해서 '~척하는' 인생을 거부해야 합니다.

실제로 일은 안 하면서 열심히 일하는 것처럼 보이려고 애쓰는 사람들이 많습니다. 그들은 얼마나 효과적으로 일을 하느냐에는 관심이 없고, 어떻게 해야 쉬면서 남들 눈에 열심히 일하는 것처럼 보일 것이냐에 에너지를 쏟습니다.

스스로 확실한 기준을 세우지 못하는 사람은 남이 세운 기준대로 살 수밖에 없습니다. 일은 하기 싫은데 모범을 보이려니 척하게 되는 것입니다. 또, 주변의 눈이 두려우니 척하게 되고, 실력이나 인격으로 평가받기보다는 권위로 누르려니 척하며 살 수밖에 없는 것입니다.

평소 자신의 모습과는 다른 모습을 사람들에게 보여주느라 매일매일 지쳐가는 삶을 사는 사람이 있습니다. 이런 사람은 스스로 인생을 좀먹는 것과 다를 바 없습니다. 마치 알맹이는 없고 쭉정이만 있는 격입니다. 지금 이 순간 '내 모습은 어떤가?' '남들이 나를 어떻게 볼까?' 라는 생각에서 벗어나야 합니다. 뿐만 아니라 남들이 정해놓은 가치기준에서 벗어나 나만의 룰을 세울 수 있어야 합니다.

누구나 조직생활을 하다 보면 늘 도전에 직면하게 됩니다. 그리고 그 도전에 싸워 이기려면 무언가 선택을 해야 합니다. 그 과정에서 심한 스트레스에 시달리게 되지만 스트레스가 싫다고 해서 도전과 선택에서 달아날 순 없습니다.

"차라리 고통을 피할 수 없다면 즐겨라."

그렇습니다. 도전과 선택을 외면할 수는 없지만 즐길 수는 있습니다. 그 자극을 즐기고, 자극과 친해지면 더 이상 나를 짓누르는 고통이 아니라 나를 한 단계 업그레이드해주는 훈련으로 받아들일 수 있습니다.

선배 한 사람이 대기업에 근무하는 동안 불합리한 경영구조 때문에 극심한 스트레스에 시달려야 했습니다. 그럴 때마다 자신이 왜 여기에 있나 하는 생각에 사로잡혀 하루에도 수십 번 사표를 던지고 싶었다고 합니다. 그러던 중 우연히 젊은 경영 컨설턴트가 사장을 향해 당차게 질문을 던지는 모습에서 큰 자극을 받았습니다.

그리고 자신도 그런 도전을 피하지 않고 직면하는 과정에서 진정으로 좋아하는 일을 찾을 수 있었습니다. 그는 노예 같은 대기업 임원 자리를 박차고 나와 3개월간 무보수의 과정을 거치면서까지 컨설팅 회사에서 일했습니다. 그는 현재 자신이 몸담고 있는 컨설팅 회사의 사장으로 열정을 태우고 있습니다.

어느 날 그는 나와 만난 자리에서 웃으며 말했습니다.

"나보다 더 파란만장한 삶을 산 사람은 없을 거야. 하루에도 수십 번 당장 때려치워야지 하는 생각이 들더라구. 하지만 어려움이 있을 때마다 피하지 않고 오히려 고통을 적절하게 즐겼기 때문에 지금의 자리에까지 오를 수 있었다고 생각해."

자극을 즐거운 마음으로 받아들이면 뜻하지 않은 선물을 받을 수 있습니다. 자극을 즐기다 보면 '내가 원하는 일'이 무엇인지 알게 되는 것입니다. 스스로 어떤 순간에 흥분과 열정을 느끼는지 알게 됩니다. 흥분과 열정을 느끼는 일이야말로 자신이 진정으로 좋아하는 일입니다.

자극은 여러 가지 모습으로 나타납니다. 그래서 때로는 우리를 힘들고 귀찮게 만듭니다. 어쩌면 고통의 얼굴 뒤에 행복이 숨어 있는지도 모릅니다. 아무리 피하고 싶은 자극이라도 긍정적인 눈으로 바라보십시오. 몸이 아프면 약을 먹듯이 직장생활에서 고통이 따른다면 그에 맞는 처방을 내려야 합니다. 만일 외국어나 컴퓨터 실력이 부족하면 학원에서 실력을 채울 수 있습니다. 또한 인내력이 약하거나 화술에 문제가 있다면 또 그에 맞는 처방을 내릴 수 있습니다.

사람들은 인생을 살면서 여러 가지 시행착오를 거치게 마련입니다. 하지만 이 시행착오를 통해 자신의 능력을 발견하고 또한 자신이 진정으로 좋아하는 일을 찾아냅니다. 때문에 시행착오는 자신이 좋아하는 일을 찾아낼 수 있는 황금 같은 기회입니다. 성공적인 인생을 살기 위해서는 몇 가지 기본 원칙이 필요합니다. 기본 원칙은 다음과 같습니다.

첫째, '주도성'을 꼭 지켜라.

평소 '내 인생은 내가 주인이다'라는 생각만 가지고 있어도 주도적인 생활을 할 수 있습니다. 어떤 일이 있어도 일찍 일어나기, 기한 내에 주어진 일 처리하기, 약속 지키기, 자기계발에 힘쓰기 등을 잊지 말아야 합니다. 주도적인 사람은 영향력의 원인에 에너지를 집중하며, 모든 일의 결과를 기꺼이 자신의 책임 아래 두는 경향이 있습니다.

주도성의 반대편에 서 있는 사람은 대응적인 행동을 취하게 마련입니다. 대응적인 사람은 모든 것을 주위의 탓으로 돌리고 환경에 즉각적으로 대응합니다. 자신은 열심히 했지만 경기가 나쁘거나 일 자체가 너무 복잡해서, 관련 부서의 협조가 없어서… 등의 핑계를 대곤 합니다.

둘째, 자신의 목표를 다시 한 번 확인하라.

평소 자신이 목표를 잊고 사는 건 아닌지 확인해야 합니다. 목표의 중요성은 아무리 강조해도 지나치지 않습니다. 목표의 가장 중요한 기능은 열정을 공급하는 것입니다. 열정이 있기에 아무리 시련이 장벽처럼 가로막아도 포기하지 않습니다.

목표가 뚜렷한 사람은 웬만한 과제는 힘들이지 않고 해냅니다. 과제란, 목표에 도달하기 위한 과정에 불과하다는 사실을 알기 때문입니다.

하지만 목표가 불분명한 사람은 모든 일이 힘들게 느껴집니다. 이런 사람은 "어쩔 수 없이 이 일을 하지만 기회만 되면 당장 때려치울 거야." "벌어 먹여 살려야 하는 식구만 없어도…" 하고 자조 섞인 푸념을 늘어놓습니다. 그러다 보니 언제나 일터가 아닌 다른 곳에서 즐거움을 찾아 헤매는 것입니다.

목표를 향해 즐겁게 일하는 사람과 마지못해 일하는 사람 사이에는 엄청난 차이가 있습니다. 모습의 차이는 곧 결과의 차이로 이어지기 때문입니다. 한 사람은 그야말로 죽지 못해 일하는 셈이고, 한 사람은 더 좋은 방법과 수단을 찾아 능동적으로 연구합니다. 목표가 뚜렷한 사람은 일 자체를 즐깁니다. 지금 하는 일이 몇 년 뒤 자신에게 큰 도움이 된다는 확신을 갖고 있기 때문입니다.

성공의 씨앗은 사소한 습관 속에 숨어 있습니다. 성공을 간절히 원한다면 꼼꼼하게 계획을 세우고 24시간 안에 그 계획의 첫 단계를 실행에 옮겨야 합니다. 실행하지 않는 사람은 무력감에 휘둘리는 사람입니다. 무력감은 행동하지 않는 데서 비롯됩니다. 굳이 어떤 의미가 있는 일만 고집하지 말고 무슨 일이든지 해보는 것이 중요합니다. 무엇보다 행동하는 그 자체에 큰 의미가 있기 때문입니다.

웅크리고 앉아 있는 자신을 일으켜 세우는 그 순간부터 자신이 원하는 것을 이룰 수 있습니다. 목표를 향한 움직임은 인생의 주인이 바로 여러분 '자신'이라는 것을 깨닫게 해줄 것입니다.

주위를 둘러보면,
머리는 숨기고 몸은 드러내놓고 있는
꿩과 같은 모습을 하고 있는 사람들이 있습니다.
이런 사람들의 특성은 '~척하는' 것입니다.
이들에게 "어떤 목표와 가치관이 있습니까?"라고 물어보면
제대로 대답하는 사람은 소수에 불과합니다.
이들은 목표와 가치관이 제대로 확립되어 있지 않기 때문에
바람 부는 대로 흔들리는 갈대처럼 사는 것입니다.
여러분, 주도적인 삶을 살아야 합니다.
만일 그렇지 않다면 주연이 아닌
엑스트라로 삶을 마칠 수밖에 없을 것입니다.
주도적인 삶을 살지 못하는 사람은
다른 사람이 세운 기준대로 살 수밖에 없습니다.
인생에서 당연히 누려야 하는 성공이나 행복 역시
다른 누군가의 것이 되고 말 것입니다.

긍정적인 삶,
조화로운 삶

꽃을 좋아하지 않는 사람은 없을 것입니다. 그런데 싱싱한 꽃과 시든 꽃 중에서 어떠한 꽃을 더 좋아할까요? 물론 향기가 풍기는 싱싱한 꽃일 테지요. 싱싱한 꽃은 보는 이의 마음을 설레게 하지만 시든 꽃은 우울하게 합니다.

화단에 심어놓은 꽃을 자세히 관찰해본 사람은 햇살이 비치는 쪽으로 꽃이 핀다는 것을 압니다. 아무리 꽃을 다른 방향으로 놓아두더라도 꽃은 방향을 바꾸어 볕이 내리쬐는 쪽으로 피어납니다.

사람도 마찬가지입니다. 우울하고 어두운 사람보다는 밝고 명랑한 사람들 주위로 사람들이 몰리게 마련입니다.

긍정적인 성격의 사람과 부정적인 사람이 함께 있다면 그다지 조화롭지 못할 것입니다. 이는 마치 어둠과 빛이 서로 조화를 이루지 못하는 것과 같습니다. 하지만 서로의 마음을 상대방에게 맞춘다면 어느 정도 친밀감을 유지할 수 있을 것입니다.

사람의 마음은 거대한 자석과도 같습니다. 긍정적인 사고를 가진 사람 주위에는 긍정적인 사람들이 몰립니다. 이와 반대로 부정적인 사고를 가진 사람 주위에는 부정적인 사람들만 몰리는 것입니다.

사람은 누구나 자신과 비슷한 처지에 맞는 사람과 있어야 편안합니다. 성격과 환경, 생각까지 자신과 비슷해야 비로소 안심할 수 있기 때문입니다.

자신이 불성실한 사람들과 어울린다면, 아무리 성실하게 일하고 싶어도 자신의 뜻을 이루기까지 많은 어려움이 따릅니다. 사람은 환경의 영향을 받으니까요. 그래서 "그 사람을 알고 싶으면 친구를 보라"는 말도 있는 것입니다.

자신이 진정으로 행복하고 싶다면 행복한 사람들과 가까이 지내야 합니다. 또한 성공을 갈망한다면 성공한 사람들과 친분을 쌓거나 그들의 모습을 닮도록 노력해야 합니다. 노력 없이는 이 세상에서 어떤 것도 얻을 수 없습니다.

혼자 세상을 살아갈 수 없듯이 성공이란 목표 또한 혼자서 이룰 수 없습니다. 아무리 많이 배웠고 똑똑한 개인도 여러 사람의 지식에는 미치지 못합니다. 또한 서로 믿고 의지하고 조화를 이룰 수 있는 친밀한 사람들의 협조 없이는 불가능합니다.

때로 독불장군 식으로 혼자서 성공을 이룬 사람들이 있습니

우리의 인생은 자신의 생각이 긍정적이냐 부정적이냐에 따라 달라집니다. 긍정적인 생각을 가진 사람은 밝고 아름다운 인생을 살 테고, 반대로 부정적인 생각을 가진 사람은 아무도 거들떠보지 않는 시든 꽃 같은 인생을 살 것입니다.

다. 하지만 그런 성공은 먼지처럼 허망할 것입니다. 그 성공을 함께 나눌 사람이 없기 때문입니다. 성공은 다른 사람들과 함께 나눌 때 보다 큰 의미와 가치가 있는 것입니다.

내가 사는 동네에는 젊을 시절부터 돈 모으는 데만 애쓴 부자 노인이 있습니다. 평소 이 노인을 찾아오는 사람은 아무도 없습니다. 가끔씩 우체부 아저씨나 택배회사 직원이 찾아올 뿐입니다. 마을 사람들은 뒤에서 수군거립니다.

"얼마나 지독하게 돈을 모았길래 찾아오는 사람이 없을까?"

"쯧쯧! 사람 나고 돈 났지, 돈 나고 사람 났나? 사람 귀한 줄 모르더니…."

재산은 누구보다 많지만 정작 외로울 때 찾아주는 사람은 아무도 없습니다. 그렇다면 이 부자 노인을 진정 행복한 사람이라고 말할 수 있을까요?

많이 가진 사람이 잘사는 사람이 아닙니다. 자신이 가진 것을 다른 사람들에게 더 많이 베푸는 사람이 잘사는 사람입니다. 자신의 것을 남에게 선뜻 줄 수 있는 사람은 마음의 여유가 있는 사람입니다. 이런 여유는 현재 자신의 삶에 만족하고 있다는, 남을 도울 수 있을 만큼 풍요롭다는 또 다른 표시이기도 합니다.

성공의 사전적 의미는 '뜻을 이룸' '부나 사회적 지위를 얻음' 입니다. 세상에는 부와 권력을 가진 사람들이 있습니다. 많은 사람들은 이런 사람을 보며 성공한 사람이라고 말합니다. 하지만 부와 권력을 가진 사람에게서 진정한 행복을 발견하기란

하늘의 별따기처럼 어렵습니다. 그들은 항상 더 큰 부와 권력을 목표로 하기 때문에 현재 자신이 가지고 있는 행복을 맛볼 여유가 없습니다.

우리 주변에는 앞서 말한 부자 노인처럼 큰 성공을 이뤘지만 사람들로부터 지탄받는 사람이 있습니다. 주위 사람들과 조화를 이루지 못하기 때문입니다. 성공을 다른 사람들과 나눌 때 행복해지고 조화로운 삶을 살 수 있습니다.

세상에서 가장 슬픈 사람은
물질적으로 가난한 사람이 아니라
찾아오는 이 하나 없는 외로운 사람입니다.
사람들은 돈이면 무엇이든 할 수 있다고 말합니다.
하지만 세상에는 돈으로 할 수 없는 일들이 참 많습니다.
돈으로 친구를 사귄다면
그 친구는 돈이 떨어지면
언제든지 떠날 수 있는 친구입니다.
돈에서 행복을 찾지 말아야 합니다.
돈은 단지 행복을 찾는 수단에 불과합니다.
진정한 행복은, 욕심이 없는
가난한 마음에서 비롯됩니다.

인생의 나침반을
준비하자

밤길을 가는 나그네에게 길잡이 역할을 해주는 것은 북극성입니다. 깜깜한 밤길에도 빛나는 북극성이 있기 때문에 방향을 잃지 않고 목적지를 향해 나아갈 수 있습니다.

마찬가지로 우리에게도 북극성 같은 꿈이 있어야 합니다. 지금 처해 있는 현실이 암담하고 절망적이라도 꿈이 있기에 웃을 수 있습니다. 오늘의 고통을 환희로 바꾸어줄 꿈이 살아갈 힘을 주기 때문입니다. 꿈은 사람이 줄 수 없는 용기와 확신을 줍니다.

반대로 꿈이 없다면 길을 잃은 나그네가 늪에 빠지거나 숲속을 헤매듯 방황하는 인생이 될 것입니다. 바람에 이리저리 나부끼는 낙엽처럼 살아가는 사람은 인생에서 그 어떤 의미도 발견할 수 없습니다. 의미는커녕 부모님을 원망하고 이 세상을 증오할 것입니다.

벤자민 디즈레일리는 말했습니다.

"나는 오랫동안 명상한 결과 다음과 같은 확신을 스스로 얻게 되었다. 꿈을 지닌 인간은 그것을 반드시 성취하도록 되어 있으며 그것을 성취하고자 하는 그의 의지를 꺾을 만한 것은 아무것도 없다."

확고한 꿈은 그에 맞는 믿음과 확신을 심어줍니다. 뿐만 아니라 자신이 나아가야 할 방향을 제시합니다. 그래서 이미 눈부신 성공을 거둔 사람들은 하나같이 꿈을 가지라고 말하는 것입니다.

내가 아는 선배 중에 식품영양학과를 졸업한 후 영양사로 근무하다 1년 만에 회사를 그만둔 사람이 있습니다. 남들은 한번 나오면 취업하기 힘들다며 어떻게든 붙어 있으라고 강력하게 만류했습니다.

지금 그는 2년간의 백수 생활 끝에 동시통역 대학원에 입학해 학업을 마친 뒤 대기업에서 동시통역사로 일하고 있습니다.

처음에 그는 식품영양학 전공을 살려 중견기업에 영양사로 입사했습니다. 하지만 막상 맡은 업무는 식품을 판매하는 영업이었습니다. 1년간 어떻게든 버텨볼 요량으로 근무하다 결국에는 과감하게 사표를 던졌던 것입니다.

사람은 누구나 자신에게 맞지 않는 일을 오래 할 수는 없습니다. 처음에는 그 업무에 대해 깊이 알지 못하기 때문에 희망을 가지지만, 그것도 시간이 지나면서 고통으로 바뀌게 마련입니다.

직장을 그만둔 그는 새로운 각오를 다질 겸해서 외국으로 여행을 떠났습니다. 그런데 그곳에서 한국인 동시통역사를 만나면서 새로운 희망을 발견했습니다. 자신도 동시통역사가 되고 싶다는 의욕이 솟은 것입니다.

지방에는 동시통역사 교육을 하는 학원이 없어 독학으로 공부를 해야 했습니다. 혼자서 해외 뉴스를 듣고 받아쓰고 말하는 연습, 영작, 번역 등을 매일 밤늦게까지 했습니다. 그는 보기 좋게 몇 번 동시통역 대학원 시험에 떨어지고 나서 위기감을 느끼기도 했습니다.

"시험에 두 번 떨어졌을 때 문득 이런 생각이 들었습니다. 백수생활에서 오는 비참함보다는 나의 꿈이 멀어지고 있다는… 그래서 절망감에 많이 힘들었습니다."

천신만고 끝에 그는 2000년에 동시통역 대학원 시험에 합격했습니다. 그리고 지금은 대기업에서 동시통역사로 일하며 꿈을 키워하고 있습니다.

그는 백수생활을 통해 절망 속에서 '정말 나 자신이 원하는 일이 무엇일까'를 진지하게 고민했습니다. 그때 절망이 지금 자신을 있게 한 기회라고 그는 사람들에게 당당하게 말합니다.

"남들보다 몇 배나 힘들었지만 끝까지 꿈을 잊지 않고 포기하지 않았기 때문에 이룰 수 있었습니다."

사람들은 포기하지 않으면 언젠가 기회가 온다는 것을 잘 알면서도 잊고 살아갑니다. 특히 꿈이 없는 사람은 더욱 그러할 테지요.

지금 통장에 잔고가 없다고 슬퍼하지 말고 정작 꿈이 없음을 슬퍼해야 합니다. 우리가 살아가는 데 꼭 필요한 행복을 가져다주는 것이 바로 꿈이니까요.

자신만의 성공 철학을 세운 지그 지글러가 말했습니다.

"꿈은 구체적이어야 한다. 구체적인 꿈이 없는 사람은 자신이 어떤 일을 해야 할지, 또 어떻게 해야 할지 모른다."

꿈이 없는 사람은 꽃향기가 없는 조화와 같습니다. 조화에는 벌과 나비들이 날아들지 않습니다. 마찬가지로 이런 사람의 인생에 기쁨과 행복, 만족이 있을 리 만무하지요.

지금 자신이 불행하다고 생각된다면 먼저 자신에게 꿈과 목표가 있는지 생각해보십시오. 확고한 꿈이 있는 사람은 절망 속에서도 웃음을 잃지 않습니다.

그는 또 이렇게 강조합니다.

"행동가가 되라. 꿈을 가지고도 행동하지 않으면 당신의 꿈은 이루어지지 않는다. 가만히 있지 말고 행동하라. 항상 '진보적인 사람'이 되라."

> 나그네는 나침반을 보며
> 원하는 목적지에 도달할 수 있습니다.
> 그렇듯이 우리에게는 꿈이 있기에
> 자신이 원하는 인생을 더욱 아름답고
> 행복한 방향으로 이끌어 갈 수 있습니다.

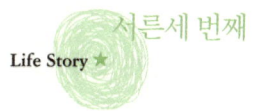
내 인생의 결승점은
어디일까?

우리는 주위에서 나름대로 성공한 사람들의 얘기를 많이 듣게 됩니다. 하지만 그들이 우연한 기회에 성공이라는 정상에 우뚝 설 수 있었던 것은 결코 아닙니다. 우선 그들은 자신이 하고 싶은 일이 무엇인지 파악한 후 명확한 목표를 세웠습니다.

인생에 있어 목표가 있느냐, 없느냐에 성공의 여부가 달려 있습니다. 목표 없이 살아간다면 드넓은 바다에 나침반 없이 떠 있는 배와 다를 바 없습니다. 인생에 목표가 없으면 성공은 밤하늘에 떠 있는 달처럼 볼 수는 있지만 만질 수는 없습니다.

사람은 누구나 자신이 원하는 일을 하며 성공을 이루고 싶어 합니다.

어느 성공학의 거장은 이렇게 말했습니다.

"다른 사람의 권리를 침해하지 않으면서 자신의 명확한 목표를 이루는 것이다."

꼭 지식이 많다고 해서 성공할 수 있는 것은 아닙니다. 자신의 마음속에 있는 뜨거운 열정과 잠재의식을 깨웠을 때 가능한 것입니다.

먼저 성공한 인물로 꼽히는 몇 사람을 예로 들어보겠습니다.

카네기는 철강사업에 전념하여 세계의 거부가 되었고, 미국 전역의 공공도서관에 자신의 이름을 새겨놓았습니다.

윌슨 대통령은 25년간 대통령이라는 꿈을 가슴에 품었고, 마침내 백악관의 주인이 될 수 있었습니다.

조지 이스트만은 코닥 사진기에 전념해 그 기발한 생각 하나로 갑부가 되었습니다. 또한 세상 사람들에게 사진 찍는 즐거움을 안겨주었습니다.

이 외에도 우리가 알고 있는 성공한 인물은 수없이 많습니다. 세상 모든 일들이 그냥 쉽게 이루어지진 않습니다. 자신의 능력을 깨닫고 명확한 목표를 설정했을 때 새로운 길이 열리는 것입니다. 뿐만 아니라 강한 의지도 반드시 필요합니다.

'올해에는 꼭 취업해야지', '일을 할 수 있으면 소원이 없겠다' 라는 약한 의지는 아무런 도움이 되지 않습니다. 적어도 '내가 좋아하는 직종에서 일할 거야', '꼭 그곳에 입사하고야 말겠어' 라는 강한 의지가 필요합니다.

목표달성을 위해서는 '언제까지 이루고 말겠다' 라는 기한을

정하는 것이 훨씬 효과적입니다. 기한을 정하면 긴장감이 유지되어 자연히 잠재의식이 깨어 있습니다. 노력을 한 곳에 집중하고, 명확한 목표를 갖고 생활하는 습관을 가져보세요. 그래야 비로소 목표에 자신의 모든 잠재능력이 집중됩니다.

목표에 좀 더 집중하기 위해서는 성공한 사람을 모델로 삼을 필요가 있습니다. 그들을 통해 이루고자 하는 목표에 대해 열정을 느낄 수 있기 때문입니다. 그 열정은 목표에 다다르기 전에 포기하고 싶은 마음이 들 때마다 새 힘을 불어넣어줄 것입니다.

모델은 자기 주변에 있는 성공한 사람들 가운데 찾는 것이 좋습니다. 또 부모에게 유산을 물려받아서 성공한 사람보다는 자수성가한 사람을 찾아야 합니다. 그 가운데서도 거의 무일푼으로 시작한 사람들을 찾는 것이 좋습니다. 그들은 정상에 오르는 방법을 확실히 알고 있습니다. 그리고 자신과 비슷한 분야에 있는 사람을 고르는 것도 좋은 방법입니다. 동떨어진 분야에 있는 사람보다 확실히 많은 것을 보고 느낄 수 있으니까요.

성공한 사람을 모델로 삼았다면 그 사람이 했던 것과 똑같은 모습으로 일해보세요. 처음에는 낯설고 어색하겠지만 시간이 지나면서 그 사람처럼 성공할 수 있습니다. 정상에 오른 사람들은 자기만의 특별한 생각과 행동으로 일했기 때문에 성공할 수 있었습니다. 따라서 우리도 그들과 같은 재능을 계발하고 똑같이 생각하고 같은 행동을 한다면 그만큼 성공할 가능성이 커지는 것입니다.

사람들은 성공한 사람들을 보며 이런 생각을 합니다.

'저 사람은 무엇 때문에 성공할 수 있었을까?'

'성공비결은 과연 무엇일까? 왜 나는 성공할 수 없는 걸까?'

성공한 사람들에게는 보통 사람들에게는 없는 특별한 점이 있습니다. 그것은 사람에 따라 다르겠지만, 중요한 것은 그것이 '성공의 씨앗' 이라는 점입니다.

크라이슬러의 전 최고경영자인 리 아이어코카는 서른여섯의 나이에 포드 자동차의 사장이 되었습니다.

그는 무스탕을 개발했고 나중에는 파산한 크라이슬러를 정상에 올려놓았습니다. 그가 이처럼 성공을 거둘 수 있었던 비결은 무엇이었을까요?

그 비결을 일곱 가지로 들 수 있습니다.

첫째, 인생에 대한 열정을 갖고 있었습니다. 그는 누구보다 자동차를 사랑했고, 또 자동차 사업을 사랑했으며, 자신이 하는 일을 사랑했습니다. 이처럼 무엇에 대한 강한 믿음이야말로 성공적인 삶을 사는 출발점이 됩니다.

둘째, 뛰어난 대화기술이 있었습니다. 이것은 거의 모든 분야에서 정상에 이르는 데 꼭 필요한 장점입니다.

셋째, 사람들이 원하는 것에 귀를 기울였고 그것을 사람들에게

제공했습니다. 무스탕의 성공이 이를 증명해주고 있습니다. 그는 사람들이 무엇을 필요로 하는지 귀 기울여 들은 다음 그것을 충족시켜주었습니다.

넷째, 자신이 본받아야 할 모델을 정하여 그들로부터 많은 지식을 얻었습니다.

다섯째, 뛰어난 판매기술이 있었습니다. 그리하여 자기 회사의 제품은 물론이고 자기 자신도 팔 수 있었습니다.

여섯째, 그는 누구보다 옷을 잘 입었습니다. 그는 남들에게 성공한 기업가처럼 보이기 위해 세심하게 신경 썼던 것입니다.

일곱째, 실패를 딛고 다시 오뚝이처럼 일어섰습니다. 포드 자동차 회사에서 해고되었을 때도 실망하지 않고 나중에 더 큰 성공을 이루었습니다.

이밖에도 그가 성공한 비결은 수없이 많습니다. 그 중에서 중요한 것은 열정적으로 살고 일 자체를 사랑했다는 것입니다. 또 자신만을 위하기보다 남들을 사랑하는 마음을 가졌고, 남들의 이야기에 귀 기울였다는 것입니다.

무엇보다 중요한 것은 끊임없는 자기계발과 어떠한 순간에도 확고한 목표를 잃지 않았다는 것입니다.

삶으로부터 성공을 선물받으려면
먼저 목표를 설정하고
열정을 쏟아야 합니다.
이는 돋보기로 햇빛을
모으는 것과 같습니다.
돋보기에 많은 햇빛이 집중되었을 때
물체가 타들어 갑니다.
그렇듯이 목표에 집중된 열정은
잠재의식을 깨우고 자신도 모르는 사이에
성공을 가져다줍니다.

처음처럼

초심(初心)을 끝까지 잃지 않아야 합니다. 그러할 때 자신이 추구했던 바를 성취할 수 있습니다. 하지만 초심을 잃지 않기란 결코 쉽지 않습니다. 중간에 좀 더 쉬운 길로 돌아가라며 많은 유혹이 뒤따르기 때문입니다.

애연가라면 누구나 담배 끊을 결심을 수도 없이 했었을 겁니다. 처음 하루이틀은 담배를 피우지 않고 견뎌냅니다. 그러나 사흘째 되는 날 직장 동료나 친구들이 피워대는 담배 연기에 그만 무릎을 꿇고 말지요. 그러다 담배를 끊기로 한 자신을 이렇게 합리화시킵니다.

'담배 피운다고 다 나쁜 것만은 아니야. 스트레스 풀어주고 기분 전환도 되잖아.'

이는 자기변명에 불과합니다.

가슴속에 꿈이 있는 사람은 초심을 잃지 않아야 합니다. 초심만 잃지 않으면 목표를 달성할 수 있습니다. 초심은 마음속에 자라나는 잡초 같은 부정적인 사고를 제거해줍니다. 또한 자신이 계획한 목표를 한시도 잊지 않게 해줍니다.

하지만 사람들은 꿈을 이루지 못하는 이유를 자신의 내부가 아닌 외부에서 찾으려 합니다. 그러다 보니 꿈을 성취한 사람을 보며 특별한 행운을 만난 사람이라고 말하는 것입니다.

금광을 찾아 산을 헤매던 사람이 있었습니다.

그는 삽과 곡괭이를 들고 이 산, 저 산을 돌아다닌 끝에 광맥을 찾아냈습니다. 그러나 금을 채굴하기 위한 기계와 장비가 필요했습니다.

그는 친구들에게서 자금을 빌려 필요한 장비를 구입해서 땅을 파내려 갔습니다. 착암기로 파내려 가는 만큼 그는 희망에 들떠 있었으나 갑자기 광맥이 사라져버렸습니다. 순간, 희망은 산산조각이 났습니다. 좌절에 빠진 그는 그만 더 이상 파내려 가는 것을 포기하고 말았습니다.

그는 채굴 장비를 싼 값에 고물상에게 팔고는 광맥을 찾아 다른 곳으로 이동했습니다. 그런데 그 장비를 산 고물상은 혹시나 해서 광산기사를 데리고 이 산에 정말로 광맥이 있는지를 조사했습니다.

그 결과 광산기사는 채굴을 단념한 지층의 2미터 아래에 있는 금광을 발견했습니다. 그리하여 고물상은 이 광맥에서 수백만 달

러의 금광석을 캐냈습니다.

그도 처음에는 어떻게든 광맥을 찾아내겠다고 결심했을 것입니다. 그래서 금을 채굴하기 위한 기계와 장비를 구입했겠지요. 하지만 그는 자신의 노력이 기대에 미치지 못하자 처음의 결심을 잃어버리고 말았습니다. 그가 조금만 더 인내심을 가지고 땅을 파내려 갔더라면 꿈을 이룰 수 있었을 겁니다.

이렇듯 도중에 포기하는 것은 얼마나 어리석은 일일까요? 도중에 포기한다면 그동안 공들였던 모든 노력과 시간이 무용지물이 되고 맙니다. 차라리 그 시간에 다른 생산적인 일을 했더라면 더 나았을지도 모릅니다.

내가 아는 사람 중에 한 사람은 실패라는 것은 교활하고 약삭빠르다고 말했습니다. 때문에 많은 사람들이 성공을 목전에 두고도 실패에 현혹되어 성공을 놓치고 만다는 것입니다. 자타가 공인하는 성공의 대열에 낀 사람들은 어떤 시련이 있더라도 흔들림 없이 성공을 향해 질주했던 사람들입니다.

'살아가면서 얼마나 많은 성공과 기회를 그냥 보내버렸을까.'

이런 생각을 해본 적이 있습니까? 그렇다면 내일부터는 최선을 다해 살아야지라는 생각 역시 절실해질 것입니다.

중요한 것은 마음이 '작심삼일(作心 三一)' 이라는 것입니다. 우리의 마음이 초심을 쉽게 잃어버리기 때문에 작심삼일이란 말이 나왔겠지요. 누구나 초심을 잃지 않고 매일 꿈을 향해 나아간다면 꼭 이루어질 것입니다. 하지만 반대로 초심을 잃어버리는 사람은 늘 후회만 가득한 삶을 살아갈 것입니다.

우리의 마음은 온갖 마법이 담겨 있는 마법상자와도 같습니다. 밝은 사고를 하면 늘 행복한 모습으로 아침을 맞이할 수 있습니다. 반대로 어두운 사고를 하면 불평불만이 가득한 모습으로 하루를 시작할 것입니다.

예로부터 병은 마음에서 생겨난다고 했습니다.

성공과 실패를 만드는 가장 큰 원인은 자기 자신의 마음가짐에 있습니다. 마음 자체는 아무것도 아닙니다. 성공을 향한 갈망을 굳건한 의지와 신념으로 한걸음 한걸음 이어간다면 머지않아 정상에 서게 될 것입니다. 반대로 실패에 대한 불안은 실패를 끌어당기는 힘을 지니고 있습니다. 또한 마음을 혼란과 고통 속으로 내몰지요. 이처럼 마음가짐은 대단히 중요합니다.

"성공의 비결은 목적의 불변에 있다. 하나의 목표를 가지고 꾸준히 나아간다면 성공한다. 그러나 사람들이 성공하지 못하는 것은 처음부터 끝까지 한길로 나가지 않았기 때문이다. 최선을 다해서 뚫고 나아간다면 만물을 굴복시킬 수 있다."

벤자민 디즈레일리는 성공의 비결이 목적의 불변에 있다고 강조했습니다. 그렇습니다. 많은 사람들이 실패와 친숙한 것은 그의 말처럼 꾸준히 목적을 향해 나아가지 않았기 때문입니다.

그들은 목표를 향해 나아가는 과정에서 바위가 앞을 가로막을 때마다 포기하거나 돌아갔습니다.

많은 사람들이 간절히 원하는 성공도 마음먹기에 달렸습니다. 우리가 마음먹은 결심을 잊어버리지 않고 굳건하게 꿈을 향해 나아갈 때 비로소 갈망했던 꿈을 성취할 수 있습니다.

그동안 우리에게는 많은 계획이 있었습니다.
그러나 가만히 돌이켜보면 정작 이루어놓은 것은
몇 가지 되지 않습니다.
'왜 그럴까?' 자문해보면 알 수 있습니다.
그동안 계획을 세우는 데에만 많은 시간을 허비했고,
그 계획을 실행하지 않았기 때문이라는 것을.

젊어 고생 사서 하기

아침에 일어나 갈 곳이 있는 사람은 정말 행복한 사람입니다.

주위에 아마 이런 사람들이 있을 것입니다. 직장에서 명예퇴직을 강요받아 집에는 말도 꺼내지 못하고, 어쩔 수 없이 회사를 그만 둔 사람들…. 내가 아는 분도 하루아침에 직장을 잃고 공원이나 산에서 시간을 보내다 퇴근시간에 맞춰 집으로 돌아오곤 합니다. 이들 외에도 아침에 집을 나와 갈 곳이 없어 만화방이나 PC방 등으로 출근하는 사람들은 많습니다.

경제학자들은 지금의 경제가 전쟁이 일어났을 때보다 더 심각한 지경이라고 말합니다. 하루에 밥 한 끼를 해결하지 못해 영양실조로 고통받는 이들도 많습니다. 이런 상황에서 적성 때문이 아니라 직업의 귀천을 따지는 사람은 온실의 화초처럼 자란 사람일 것입니다.

쉽고 편하게 자란 사람은 신념과 인내력이 약하게 마련입니다. 온실에서 자란 화초가 비바람에 쉽게 쓰러지듯이 곱게 자란 사람 또한 약할 수밖에 없습니다. 그래서 젊어 고생은 사서도 한다는 말이 있는 것입니다.

몇 해 전, 경주시 환경미화원 채용시험에 합격한 사람 중에는 최초의 대학 출신이자 최초의 미혼여성이 있습니다.

그녀는 채용시험에 합격한 후 어느 일간지 기자에게 이렇게 말했습니다.

"일반적으로 소외계층의 일이라고 여겨지는 환경미화원에 도전해보고 싶었습니다. 가족들도 처음에는 반신반의했지만 막상 합격했다니까 놀라워하며 축하해주었습니다."

이 소식은 뉴스와 인터넷을 통해 순식간에 사람들에게 전해졌습니다. 그러자 다른 미혼여성들도 채용시험에 응시하기 위해 몰려드는 현상이 빚어졌습니다.

사람은 누구나 힘든 고생을 피하고 싶어 합니다. 반대로 쉽고 편한 일을 하고 싶어 합니다. 그러나 무작정 쉽고 편한 일을 해서는 더 나은 내일을 기대할 수 없습니다. 그런 일을 통해 자신이 어떤 일을 좋아하는지, 적성에 맞는지를 파악할 수 없기 때문입니다. 그러다 보면 진정 자신의 일을 가질 수 없을뿐더러 겉바퀴 돌듯 살게 됩니다.

촘촘한 가시 속에 달콤한 알밤이 들어 있듯이 숱한 고생 속에 눈부신 미래가 깃들여 있습니다. 비록 몸은 고단할지라도 고생을 외면하지 말아야 합니다. 기회가 닿는 대로 여러 가지 일을 해보는 것이 좋습니다.

하지만 이때 무작정 일을 시작해놓고 짧은 기간 안에 그만두는 것은 득보다 실이 됩니다. 오히려 자신에 대해 깊이 생각해볼 여유도 없을뿐더러 소중한 시간만 허비하게 되는 것입니다.

같은 일을 하더라도 사람에 따라 즐겁다고 말하는 사람이 있는 반면 고생스럽다고 말하는 사람도 있습니다. 즐겁다고 말하는 사람은 평소 자신이 해보고 싶었던 일이거나 적성에 맞는 일일 것입니다. 고생으로 느껴지는 사람에게는 즐거움보다는 고통을 주는 고문일 테지요.

며칠 전, 아끼는 후배에게서 전화가 왔습니다.

그 후배는 자동차 세일즈를 했습니다. 술자리가 거나해지자 마음에 응어리져 있던 말을 토해냈습니다.

"나, 정말 이 짓 못해먹겠어요."

"왜 무슨 일 있어?"

"매일 사람들 만나서 차 사달라고 구걸하는 것도 이젠 정말 신물이 나요."

그 후배에게 가장 괴로웠던 것은 처음 보는 사람들에게 명함을 내밀면서 친분을 쌓는 일이었을 것입니다. 내성적인 성격에 낯선 사람들을 만나는 일이 고문이었을 테지요.

그러나 그 친구가 힘들어하는 데에는 더 큰 이유가 있었습니다. 그것은 입사 동기 중에 최고 실적을 올리는 친구 때문이었습니다. 그는 성격이 외향적이어서 처음 보는 사람과도 쉽게 어울렸고 금세 친분을 쌓았습니다. 그러다 보니 자연히 실적이 좋았고 직장 동료나 상사로부터 인정받았습니다. 후배는 그 친구를 볼 때마다 가슴이 막히고 자신이 한없이 초라해진다고 했습니다. 나는 한눈에 자동차 세일즈가 그 후배와 맞지 않다는 것을 알았습니다.

하지만 나는 후배에게 "네 적성에 맞지 않으니 다른 일을 찾아보는 건 어때?"라고 감히 말할 수 없었습니다. 안 그대로 힘들어하는 그의 마음을 더 아프게 할 수는 없었기 때문입니다.

후배는 전에 다니던 회사를 그만두고 마땅히 할 일이 없어이 일을 택하게 되었다고 말했습니다. 가족의 생계가 달려 있는 터여서 이것저것 가리지 않고 무작정 뛰어든 것이었습니다.

운동선수들은 하루도 빠지지 않고 훈련을 합니다. 사실 그들도 하루 정도는 푹 쉬고 싶을 것입니다. 그러나 하루를 쉬면 긴장감이 떨어져 그만큼 꿈에 대한 열정이 줄어듭니다. 그리고 쉬는 것에 익숙해지다 보면 자신도 모르는 사이 훈련이 더욱 고생스럽게 느껴져 자꾸만 쉬고 싶어질 것입니다.

때문에 그들은 쉴 새 없이 훈련에 임하는 것입니다. 그들에게 꿈과 훈련은 별개가 아닌 서로 연결되어 있는 성공 고리입니

사람은 누구나 힘든 고생을 피하고 싶어 합니다. 반대로 쉽고 편한 일을 하고
싶어 합니다. 그러나 무작정 쉽고 편한 일을 해서는 밝은 내일을 기대할 수는 없습
니다. 그런 일을 통해 자신이 어떤 일을 좋아하는지, 적성에 맞는지를 파악할 수 없
기 때문입니다. 그러다 보면 진정 자신의 일을 가질 수 없을뿐더러 겉바퀴 돌듯 살
게 됩니다.

다. 그들은 지금 흘리는 땀방울이 훗날 그 무엇과도 바꿀 수 없는 기쁨을 가져다줄 것임을 잘 알고 있습니다.

운동선수들은 훈련을 고통으로 여기기보다 즐거운 놀이로 생각합니다. 또한 그들은 훈련을 자신의 기량을 한 단계 높여주는 고마운 기회라고 생각합니다. 그래서 그들은 온몸이 땀으로 흠뻑 젖었는데도 불구하고 환한 미소를 지을 수 있습니다.

살갗을 에는 겨울바람을 피해 역 귀퉁이에 신문지를 깔고 누운 노숙자들. 그들도 한때는 잘 나가는 대기업의 직원이나 자영업자였습니다. 하지만 갑작스레 불어닥친 IMF 한파로 직장을 잃어 지금은 아무도 거들떠보지 않는 처량한 모습으로 전락한 것입니다.

청년 실업자가 수십만에 육박하는 극심한 어려움 속에서 직업의 귀천을 따진다는 것은 다소 무리가 있어 보입니다.

어떤 일을 할 때 힘들다는 생각이 들면 마음속으로 이렇게 말해보십시오.

'지금 나는 미래의 진정한 나를 찾고 있는 거야.'

'지금의 고생은 반드시 몇십 배, 몇백 배의 행복으로 되돌아올 거야.'

지금 하고 있는 일에서 고통을 느끼는 사람은 그나마 행복한 사람입니다. 적어도 그 일이 자신과 맞지 않다는 것을 알았기 때문입니다. 하지만 이마저 깨닫지 못한 채 녹슨 기계처럼 하루하루 살아가는 사람들도 있습니다.

인생은 한 권의 책과 같습니다. 인생을 의미 있는 생각들과 깨달음으로 가득 채울 때 비로소 완전한 책이 될 수 있을 것입니다.

'젊어 고생은 사서 한다.'
'고생 끝에 낙이 온다.'
고생이나 노력 없이
저절로 이루어지는 일은 없습니다.
자신의 모든 에너지를 쏟아보세요.
최선을 다할 때 자신도 모르는 사이에
정상을 향해 조금씩 나아가는 것입니다.

서른여섯 번째
Life Story ★

꿈은 이루어진다

절망에 빠진 나를 다시금 일어설 수 있게 해
준 것은 '신념을 가져라!' 라는 단 한 문장이었습니다.

"시대나 인간의 마음은 세월이 흐르면 변하게 마련이다. 그러나
신념만은 변해서는 안 된다. 인간의 근본을 지탱해주는 기둥인 이
신념이 흔들렸을 때 인생은 그 의미마저 잃고 만다. 그러므로 나는
무엇보다 처음의 마음을 잊지 않기 위해 힘써 노력할 것이다!"

이 글은 편지 쓰는 사장님으로 유명한 곤도 다카미가 쓴 《세
상에서 가장 값진 월급봉투》에 나오는 글귀입니다.

어린 시절, 그는 고등학교를 두 번이나 중퇴한 뒤 일찌감치
인생의 낙오자 취급을 받았습니다. 그때 그의 유일한 꿈은 자동
차를 갖는 것이었습니다. 아르바이트로 힘들게 돈을 모아 자동

차를 샀지만, 자동차가 하루도 안 되어 사고로 폐차되자 그는 세상이 자신을 외면한다고 생각했습니다.

어느 날 우연히 여자친구가 버스 안내원으로 일하는 모습을 보았습니다. 그는 꿈과 희망이 없는 자신과는 전혀 다른 모습으로 승객들에게 밝게 미소 짓는 모습에 큰 충격을 받았습니다.

그 후 그는 무작정 취업 정보지를 뒤져 전화기 방문판매 사원으로 입사했습니다. 50명이던 신입사원이 반년 후에는 달랑 두 명 남았지만 그는 처음으로 자신감을 얻었습니다.

그 자신감을 밑천으로 그는 열아홉 살이라는 어린 나이에 자신의 회사를 차렸습니다. 하지만 세상은 그리 만만치 않았습니다. 가까운 사람에게 배신당해 자본도 날렸고, 설상가상으로 사원들은 회사야 어찌 되든 매사에 대충 대충이었습니다.

그는 그런 사원들을 보며 그동안 참았던 분노를 터뜨렸습니다.

"여러분, 언제까지 세상을 그런 식으로 대충 살아갈 겁니까? 지금 여러분들이 하고 있는 일에 열정이 없다면 얼마 못 가 우리 회사는 문을 닫고 말 것입니다. 만일 그런 날이 온다면 여러분과 저는 길거리에서 헤매야 할지도 모릅니다. 하지만 저는 여러분들과 오래도록 좋은 관계를 유지하며 여러분들에게 더 나은 기회를 제공하고 싶습니다."

거칠지만 솔직하게 말한 그의 진심이 사원들의 마음을 움직였습니다. 그 이후로 회사의 상황이 달라지기 시작했습니다. 단

돈 500만 원으로 시작한 회사는 15년이 지난 지금 종업원 5,000명, 자본금 6조 원에 달하는 거대한 주식회사로 성장했습니다.

최종학력 중졸에 그 흔한 인맥 하나 없었던 청년 곤도 다카미가 성공할 수 있었던 비결은 오직 의지와 끈기뿐이었습니다.

세상에는 수많은 사람들이 살아가고 있습니다. 그러나 이들 중에서 진정 행복한 삶을 살고 있는 사람들은 얼마나 될까요? 행복의 의미를 딱 잘라 무엇이라고 말할 수는 없을 것입니다. 하지만 마음의 여유를 가지며 주위 사람들과 조화로운 삶을 사는 것이 아닐까 생각해봅니다.

여태껏 내가 만나본 성공한 사람들 중에 안정된 생활 속에서 꿈을 이룬 사람들은 드물었습니다. 학창 시절, 막노동을 하며 등록금을 마련한 사람도 있고, 심지어 몇 달간 목욕탕에서 때밀이 생활을 한 사람도 있습니다.

중요한 것은 모두들 자신이 처해 있는 현실이 고달프고 힘들어도 결코 희망과 꿈을 잃지 않았다는 것입니다.

찰스북스톤이 말했습니다.

"사람의 마음을 움직이게 하기 위해서는 진지한 열의가 없어서는 안 된다. 성공은 능력보다 열정에 의해서 좌우된다. 승리자는 자신의 일에 몸과 영혼을 다 바친 사람이다."

그의 말처럼 성공은 그 일에 쏟아 붓는 열정에 달렸습니다. 어떤 일을 추진할 때 뛰어난 능력은 큰 힘이 되지만 반드시 한

계가 있습니다. 그러나 열정에는 한계가 없습니다. 열정은 한계를 뛰어넘어 불가능을 가능으로 변화시킵니다.

사람마다 열정의 차이는 있습니다. 어떤 사람은 스스로 열정을 불러일으켜 일에 매진합니다. 또 어떤 사람은 책이나 다른 사람을 통해 열정을 불태웁니다. 이것도 저것도 아닌 언제나 열정이 식어 있는 사람도 있습니다. 이런 사람은 열정보다 신념을 가질 필요가 있습니다. 강한 신념이야말로 뜨거운 열정을 불러일으키기 때문입니다.

무엇인가 되고 싶다면 반드시 이루겠다는 신념을 가지십시오. 신념은 당신의 사고에 생명을 주고 힘을 줍니다. 신념은 과학으로도 풀 수 없는 기적을 낳습니다. 신념은 절망에서 당신을 끌어내주는 마법입니다. 신념이 있는 사람에게 두려운 것은 없습니다. 온 우주가 도와줄 것이기 때문입니다.

신념의 힘을 발전시키는 방법을 소개해보겠습니다.

첫째, 항상 성공을 생각하라. 실패는 생각하지 마라. 직장에서나 집에서나 패배적 사고를 성공적 사고로 대치시켜라.

어려운 상황에 직면하면 많은 사람들이 "나는 아마 실패할거야"라고 말합니다. 하지만 이제부터는 "나는 반드시 성공할거야"라고 말하는 습관을 길러야 합니다. 또한 기회가 주어졌을 때 "난 해낼 수 있어"라고 자신 있게 말할 수 있어야 합니다. 꿈에서라도 "난 안 돼"라는 부정적인 말은 하지 말아야 합니다.

둘째, 당신은 스스로 생각하는 것보다 훨씬 뛰어나다는 것을 자주 자신에게 상기시켜라.

성공은 초인적 지능을 요구하지 않습니다. 또한 성공에 어떤 초자연적인 힘이 있는 것도 아닙니다. 그렇다고 성공이 행운에 근거를 두고 있지도 않습니다. 성공한 사람들은 발전적 신념과 해야 할 일을 가진 평범한 사람들입니다. 성공을 꿈꾼다면 자신을 가치 있게 생각해야 합니다.

셋째, 큰 목표를 가져라. 당신의 성공 규모는 목표의 정도에 따라 결정된다.

작은 목표를 정하면 그에 걸맞은 작은 성과를 얻게 됩니다. 하지만 큰 목표를 설정하면 큰 성공을 이루게 마련입니다. 작은 목표는 작은 시련에도 꺾이지만 원대한 목표는 어떠한 시련에도 꺾이는 법이 없습니다.

괴테가 말했습니다.

"그대의 마음속에 식지 않는 의지와 믿음을 가져라. 당신은 드디어 일생의 빛을 얻을 것이다."

그의 말처럼 인생에서 눈부신 성공을 가져다주는 것은 바로 의지와 믿음입니다. 우리는 이러한 것을 잃지 않을 때 사막에서 눈부신 꿈을 캐낼 수 있습니다.

간절히 원하면 반드시 이루어집니다.
간절히 원하는 마음을 가져보세요.
화살이 과녁을 향하듯이 목표를 향해
나아갈 수 있는 인내력과 힘을 줍니다.

열정적 엔터테이너를
향한 도전

이른 아침에 일어나 산책을 하다 보면 어느새 마음은 가벼워집니다. 또한 마음이 가벼우니 몸까지 개운합니다. 이런 산뜻한 느낌은 아침마다 산책하는 사람들에게만 주어지는 선물과 같습니다.

아침은 생명을 불어넣어주는 정열의 시간입니다. 하루의 시작인 아침을 어떻게 출발하느냐에 따라 그날의 컨디션이 결정된다고 해도 과언이 아닙니다.

산책을 하다 보면 많은 사람들을 만나게 됩니다. 혹독한 겨울 날씨인데도 불구하고 신문 돌리는 아저씨, 우유가 잔뜩 들어 있는 가방을 들고 아파트 계단을 오르내리는 아주머니, 새벽 기도 갔다 오는 부부….

남들이 따뜻한 이불 속에 있을 때 먼저 하루를 여는 사람들.

이런 사람들은 분명 지칠 줄 모르는 젊음으로 사는 사람들입니다. 이런 젊음은 삶의 즐거움을 선사할 뿐 아니라 나이보다 훨씬 더 건강하게 살 수 있게 해줍니다.

내가 아는 이현주 씨는 현재 경력 10년의 백화점 여성매장 숍 매니저로 근무하고 있습니다. 이씨의 연봉은 1억 원이 넘는다고 합니다. 대학을 졸업한 후 대기업에 들어간 친구들에 비해 3~4배가 넘는 고액연봉입니다.

하지만 세상에 공짜란 없습니다. 지금의 그녀가 있기까지는 열정 하나로 고통을 이겨가며 일에만 매달린 수많은 날들이 있습니다.

이씨의 하루는 아침 6시에 일어나 다음날 새벽 2시에 끝납니다. 잠자는 시간은 고작 4시간. 항상 잠이 모자라는 그녀는 일주일에 한 번 비번 때 푹 자는 걸로 잠을 보충합니다. 이씨가 관리하는 고객은 100여 명으로 적어도 하루에 3명과 전화통화를 합니다. 이때 세일이나 기획상품, 사은품 등 쇼핑 관련 정보를 자세히 알려줍니다.

VIP 고객에게는 특별히 정성을 쏟아야 합니다. 요즘은 백화점간에 경쟁이 어느 때보다도 치열합니다. 그들은 자신들에게 조금만 소홀하다 싶으면 다른 백화점으로 옮겨버립니다. 때문에 숍 매니저들은 개인시간을 가질 틈이 없습니다.

그러나 이씨의 표정은 항상 밝습니다. 나이 또한 서른을 지나 마흔을 향하고 있지만 얼굴에 피곤한 기색이라곤 찾아볼 수가 없습니다.

"일을 힘들다고 생각하면 한없이 힘들죠. 그러나 재미있고 즐겁다고 생각하면 그렇게 재미있을 수가 없어요."

나는 이씨를 보면서 사람은 젊음으로 산다는 것을 피부로 느꼈습니다.

꽃과 같은 외면의 젊음은 시간이 지나면서 서서히 시들게 마련입니다. 하지만 내면의 젊음은 시간이 지날수록 더욱 뜨거워집니다. 여러분이 좋아하는, 하고 싶은 일이 있다면 젊음으로 도전해보세요.

반도체회사에서 근무하다가 스쿠버다이버가 된 권경환 씨는 1985년부터 1996년까지 대기업 구매과장으로 일했습니다. 그는 입사하면서부터 스킨스쿠버 동아리에 가입해 취미활동을 시작했습니다. 강원도 주문진이 고향인 권씨는 바닷가에서 자란 탓에 수영실력은 누구에게도 지지 않았습니다.

"지방대 출신이어서 핸디캡이 있다고 생각했습니다. 대기업에서 경영자까지 올라간다는 것은 거의 불가능했습니다. 또 고향에 내려가서 일하고 싶었구요. 이런 감정들이 얽히면서 스킨스쿠버에 빠져들었고 그러다 보니 레저 사업을 시작하게 됐습니다."

스킨스쿠버는 31시간의 교육과정을 거쳐 강사 자격증을 취득할 수 있습니다.

1996년 고참 과장이던 그는 홀연히 사표를 던지고 고향으로 내려갔습니다. 지금 그는 강원도 주문진 동산항에서 카페와 민박집을 운영하면서 해양 스포츠를 즐기러 온 사람들을 위한 가이드를 하고 있습니다.

이 모든 게 아내의 관심과 사랑이 있었기에 가능했습니다. 사실 그동안 여러 번 포기하고 싶은 유혹도 느꼈습니다. 하지만 그럴 때마다 아내가 든든한 받침목이 되어주었습니다.

"아내가 저의 선택을 믿어줬습니다. 그게 저에게 큰 힘이 된 거죠. '몇 년이라도 고생할 각오가 돼 있으니 당신은 그저 하고 싶은 대로 하라' 는 아내의 말에 용기를 낼 수 있었습니다. 지금 생활이요? 대기업 과장 월급보다야 물론 많이 벌고 있습니다. 또한 앞으로의 사업전망도 밝구요. 10년 안에 번듯한 해양 레저 시설을 갖추는 것이 제 꿈입니다."

자신이 좋아하고 적성에 맞는 일이라면 아무리 힘들어도 포기하지 않습니다. 그 일 속에서 즐거움과 매력을 느끼기 때문입니다. 오히려 일이 주는 고통까지 기꺼이 감수합니다. 반대로 아무리 돈을 많이 주더라도 적성에 맞지 않으면 도중에 포기하고 맙니다. 일에서 느끼는 고통이 사람을 지치게 하고 자아를 잃어버리게 하기 때문입니다.

인생은 그리 길지 않습니다.
하고 싶은 일이 있다면 머뭇거리지 말고
젊음 하나로 도전해보세요.
만약, 자신에게 부족한 부분이 있다면
젊음으로 채우면 될 테니까요.
반대로 두려움에 빠져 이것저것 재다 보면
시간만 낭비하고 후회만 남을 것입니다.

성공을 위한
최고의 연료

열정으로 산 사람들 중에 한 사람인 에머슨은 말했습니다.

"위대한 것 치고 열정 없이 이루어진 것은 없다."

그렇습니다. 세상의 모든 위대함 속에는 열정이 고스란히 깃들여 있습니다. 열정은 여름날 과실을 무르익게 만드는 뜨거운 햇살과도 같습니다. 햇살을 충분히 받지 못한 과실은 속이 여물지 않아 제 가치를 충실히 할 수 없습니다.

열정은 자동차를 움직이는 휘발유와 같습니다. 휘발유는 육중한 무게에도 아랑곳하지 않고 자동차를 빠른 속도로 질주하게 합니다. 만약에 휘발유가 아닌 물을 넣는다면 어떻게 될까요? 움직이지 않으리라는 것은 굳이 시험해보지 않아도 누구나 알 수 있습니다. 열정이 없는 사람도 이와 다르지 않습니다. 목표와 꿈이라는 목적지가 있어도 그곳으로 움직여줄 동력이 없기 때문입니다.

꿈이 있는 사람은 지칠 줄 모르는 열정을 가져야 합니다. 혹 여러분 중에 열정을 되찾는 방법을 모르겠다고 하소연하는 사람도 있을 것입니다. 이는 어떤 문제도 되지 않습니다. 스스로 열정을 되찾을 수 없다면 열정적인 사람으로부터 충전하면 되니까요.

우리는 열정적인 사람과 함께 있거나 대화하는 것만으로도 충분히 열정을 충전할 수 있습니다. 열정은 그 어떤 것보다 전염이 빠르기 때문입니다.

"드디어 내 손으로 신제품을 개발했어."

중견 바이오 벤처 회사에 다니는 2년차 연구원인 김준혁 씨. 김씨는 자신의 손으로 신제품을 개발해 너무나 기뻤습니다. 그동안 느꼈던 마음고생이 눈 녹듯 사라지는 것 같았습니다.

김씨에게는 학창시절에 꿈이 있었습니다.

친구들과 술자리를 갖게 되면 자연스레 화제는 졸업 후에 하고 싶은 일이나 꿈으로 옮겨가곤 했습니다. 김씨의 꿈은 화장품 회사에서 연구원으로 일하며 값싼 기능성 화장품을 개발하는 것이었습니다.

하지만 그는 간암으로 고생하는 어머니와 뺑소니 교통사고로 장애인이 된 형의 병원비 등으로 집안 사정이 갈수록 어려워져 학업을 포기해야만 했습니다. 김씨는 어머니의 수술비와 형의 약값을 충당하기 위해 막노동과 웨이터 생활 등 안 해본 일이 없었습니다. 새벽부터 시작된 공사장 막노동은 밤별이 떠서야 끝나곤 했습니다.

그러길 1년 남짓 되었을까, 김씨의 마음속에는 그만둔 학업에 대한 미련이 되살아나기 시작했습니다.

이듬해 휴학한 학교에 다시 복학했습니다. 학교 공부와 수험생 과외로 집에 들어가면 새벽 2시를 훌쩍 넘기기 일쑤였습니다. 그래도 김씨는 꿈을 향한 갈망이 컸기에 힘들다는 생각이 들지 않았습니다.

고생 끝에 대학원을 마쳤지만 더 큰 난관이 기다리고 있었습니다. 서른이라는 나이가 취업의 걸림돌이 되었던 것입니다. 서른 군데가 넘는 회사에 이력서를 냈지만 나이가 많다는 이유로 채용이 힘들다는 대답만 들을 뿐이었습니다.

그는 밤낮으로 술에 의지한 채 무력하게 시간을 보내기 시작했습니다. 생활은 당연히 엉망이 되었고, 예전의 당당하고 열정적인 모습은 찾아보기 힘들었습니다.

그러던 어느 날, 포장마차에서 술을 마시다 공사판에서 함께 일했던 인부를 만났습니다. 그는 취기가 오르자 김씨에게 이렇게 말했습니다.

"김씨, 나를 똑바로 보게. 이 나이 먹도록 변변찮은 직업 없이 하루 벌어먹고 살기도 힘든 나를 말일세. 자네는 아직 젊고 꿈도 있고 패기도 있으니 다시 한 번 도전해보게. 꼭 이룰 수 있을걸세."

김씨는 이 만남을 계기로 다시 여러 화장품 회사에 이력서를 냈습니다. 그리고 천신만고 끝에 중소기업인 화장품 회사에 입사하게 되었습니다.

그는 입사하자마자 하루도 거르지 않고, 이른 아침부터 늦은 새벽까지 연구실에 남아 신제품 연구에 몰두했습니다. 식지 않는 열정으로 드디어 신제품을 개발하게 된 것입니다.

너무 힘들지 않느냐는 물음에 김씨는 이렇게 대답합니다.

"사실 그동안 꿈을 이룰 수 없을까봐 늘 불안하고 초조했습니다. 하지만 드디어 원하던 꿈을 이룰 수 있는 기회가 한 발짝 다가왔습니다. 그렇기에 단 일초도 헛되이 보내지 않을 겁니다."

"성공을 위한 엔진의 최고 연료는 열정이다."

스티븐 스코트의 말처럼 열정은 능력보다 훨씬 뛰어난 힘을 지니고 있습니다. 자신이 원하는 것을 이룰 때까지 전차처럼 포기하지 않고 오히려 더욱 더 전념하게 합니다.

또한 실패까지 겸허하고 여유롭게 받아들일 수 있게 합니다. 무엇보다 생각지도 않은 성공의 열쇠를 찾게 해줍니다.

혹시 성공을 이룰 만한 능력이 없다며 절망하고 있지는 않습니까? 이제 절망의 늪에서 걸어 나오십시오.

발명왕 에디슨은 "천재는 1%의 영감과 99%의 노력으로 이루어진다"고 말했습니다. 천재와 성공은 뜨거운 열정으로 탄생하는 것입니다.

열정보다 더 강한 것은 없습니다.
열정 속에는 '할 수 있다' 는
강한 자신감이 깃들어 있습니다.
불가능을 가능하게 해주는 힘이
바로 열정입니다.
그렇기 때문에 성공을 이루어낸 사람들 모두
열정이 가득한 사람들입니다.

PART

4

내 삶에 악센트를 불어넣는 Life Story

행복한 생활을 위한
라이프 스토리

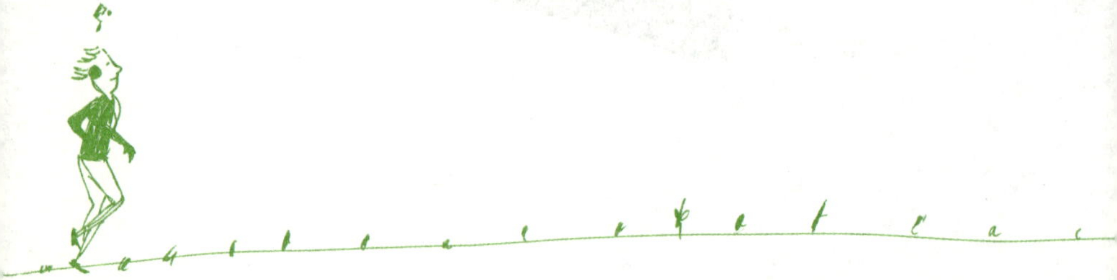

서른아홉 번째

Life Story ★

이제는 내가 먼저
사랑할 때입니다

많은 사람들이 '애정결핍증'에 걸려 있습니다. 자기 자신은 물론이고 타인을 사랑하는 일에 너무나 인색합니다. 그러다 보니 항상 무뚝뚝한 표정으로 누군가를 만나 대화하고 또 그렇게 헤어집니다. 사람냄새 나는 따뜻한 감정은 어디에도 찾아보기가 힘듭니다.

세상의 모든 평화와 행복, 자유는 사랑에서부터 비롯됩니다. 또한 사랑 안에 무한한 가능성과 성공요소들이 깃들여 있습니다.

성공한 이들은 한결같이 타인을 배려하고 사랑했기 때문에 성공할 수 있었다고 합니다. 그들은 결코 혼자만의 힘으로 원하는 것을 성취할 수 없다는 것을 알고 있었습니다. 그러나 이에 앞서 그들의 가슴속에는 타인을 자기 자신보다 더 아끼고 사랑하는 마음이 깔려 있었습니다.

　불우한 소녀가 있었습니다. 그 소녀는 가난한 가정에서 태어나 홀어머니와 함께 살았습니다. 두 사람은 먹을 것이 없어 물로 배를 채운 적이 허다했습니다.

　아사 직전에 이웃의 눈에 띄어 겨우 목숨을 건진 적도 많았습니다. 설상가상으로 제2차 세계대전이 일어나 어머니와 딸은 더욱 굶주림에 허덕였습니다.

　그때 한 구호단체가 그들에게 구호품을 전달했습니다. 그 단체는 국제연합아동구호기금(UNICEF)으로 지구촌의 굶주린 사람들에게 빵을 나누어주었습니다. 두 사람은 구호빵을 먹으며 위기를 극복했습니다.

　소녀는 시간이 흘러 세계적인 영화배우가 되었습니다. 이 소녀가 바로 오드리 헵번입니다. 그녀는 오랜 시간 후에 이 단체의 홍보대사가 되어 전 세계를 다니며 굶주림에 허덕이는 어린 이들을 보살폈습니다.

　오드리 헵번은 어느 기자와의 인터뷰에서 이렇게 말했습니다.

　"절망의 늪에서 나를 구해준 분들을 위해 이제 내가 봉사할 차례입니다."

　오드리 헵번은 단지 외모만 빼어난 배우가 아니었습니다. 미모만큼이나 마음씨 또한 천사처럼 아름다웠습니다.

　그녀는 1989년 영화계를 은퇴한 후 직장암을 선고받았습니

다. 그럼에도 불구하고 63세의 일기로 세상을 떠날 때까지 아프리카의 수많은 굶주린 아이들을 돌보았습니다.

인터넷에서 우연히 오드리 헵번이 아프리카의 굶주린 아이를 안고 있는 사진을 보았습니다. 그때 나는 이것이야말로 세상에서 가장 아름다운 사진이 아닐까 하는 생각이 들었습니다.

한 청년이 면접을 보기 위해 급히 자동차를 몰고 있었습니다. 청년이 지나가는 길가에 중년 여인이 자동차를 세워놓은 채 손을 흔들며 도움을 청했습니다. 자세히 보니 자동차 타이어에 펑크가 나 있었습니다. 청년은 순간 고민에 휩싸였습니다. 면접시간이 얼마 남지 않았기 때문입니다.

하지만 청년은 그녀를 도와주기로 했습니다. 청년이 타이어를 교체해주고 나자 면접시간은 벌써 삼십 분 시간이나 지나 있었습니다.

청년은 부리나케 면접장으로 달려갔습니다. 자신의 번호보다 훨씬 뒷사람이 면접을 보고 있었습니다. 청년은 하는 수 없이 사정해서 맨 나중에 면접을 보게 되었습니다.

하지만 그 순간 청년에게 꿈 같은 일이 일어났습니다. 세 명의 면접관 중에 한 사람이 방금 전에 자기가 타이어를 교체해준 중년 여인이었던 것입니다. 그는 그 면접관에게서 후한 점수를 받아 자신이 원하던 대로 그 회사에 입사할 수 있었습니다.

아등바등 살다 보면 마음이 각박해지게 마련입니다. 아무리 삶이 치열하다 해도 타인을 돌아보는 마음의 여유는 있어야 합니다. 고속으로 앞만 보고 질주하는 자동차는 언제 고장이 나거나 부딪힐지 모릅니다. 오로지 자신만을 위해서 산다면 인생에서 어떠한 의미도 찾을 수 없습니다. 이는 동물과 다를 바 없는 삶일 테지요.

명문대학을 나오고 좋은 직장에 취업하는 것은 혼자 잘살기 위함은 아닐 것입니다. 자신을 비롯해 주위 사람들에게 도움을 주며 더불어 잘살고 싶기 때문입니다. 세상이 각박하다고 한탄하는 사람들은 바로 앞에 드리워진 그늘만 보았지, 위에 쏟아지는 햇살은 보지 못합니다.

세상에는 수많은 희망과 기회들이 가득 차 있습니다. 하지만 이기적인 마음으로, 사랑이 결핍된 마음으론 결코 찾을 수 없습니다. 그것은 사람과 사람 사이에 숨어 있기 때문입니다.

지금보다 더 나은 삶을 살고 싶습니까? 원대한 성공을 이루고 싶습니까? 그렇다면 먼저 나를 사랑하고 더 나아가 타인을 사랑하는 마음을 가져보십시오. 성공의 문을 여는 황금열쇠는 사랑 속에 있습니다.

이처럼 사랑은 우리에게 큰 행운을 안겨줍니다.
책상에 앉아 공부를 하거나 인맥을 쌓는 것도 중요합니다.
하지만 '나' 보다 먼저 '상대방' 을 배려하는
따뜻한 마음을 잃지 않는 것은 더욱 중요합니다.
지금 자신이 만나고 있는 사람에게
훗날 어떤 도움을 받을지 알 수 없기 때문입니다.
행운은 언제나 자신과 가장 가까운 곳에
그림자처럼 머물러 있다는 것을 잊어선 안 됩니다.

진정한 후원자는
가까운 곳에 있다

사람은 혼자선 결코 살아갈 수 없습니다. 늘 누군가와 의사소통하고 부대끼며 살아갑니다. 때로 누군가에게 도움받기도 하고 역으로 도움을 주기도 합니다. 서로 얽혀 있는 인간관계에서 한 사람 한 사람이 누군가에게 기회이자 희망으로 다가갑니다.

사람보다 더 가치 있는 자산은 없습니다. 더 좋은 사람이 있을지도 모른다는 착각은 금물입니다. 가장 소중한 이는 바로 곁에 있는 사람들입니다.

우리의 자산은 가족, 친구들, 직장동료, 선후배, 선생님… 이외에도 헤아릴 수 없을 만큼 다양합니다. 하지만 이들이 항상 가까이 있다 해서 함부로 대하거나 실망을 안겨주지 말아야 합니다. 인생의 성공과 실패, 행복과 불행은 타인과 자신의 관계,

즉 인간관계가 크게 좌우하기 때문입니다.

"요즘처럼 바쁜 세상에 어떻게 그 많은 사람들을 일일이 챙겨?"

"나 혼자 잘 먹고 잘 살면 되지 굳이 그럴 필요 있을까?"

이렇게 반문하고 싶다면 지금까지 살아오면서 자신을 지지해주고 도와준 사람들을 떠올려보십시오. 분명 언젠가 그들에게서 다시 일어설 용기와 희망을 얻었을 것입니다. 그들로 인해 힘을 얻었다는 것은 그들이 진심으로 여러분이 잘되길 바랐기 때문입니다.

'등잔 밑이 어둡다' 는 말이 있습니다. 언제나 볼 수 있고 가까이 있다는 이유로 소홀해지는 것은 스스로 미래의 자산을 갉아먹는 일입니다. 꿈과 목표가 확실한 사람은 정작 가까이 있는 사람들에게 소홀하지 않습니다. 오히려 말 한마디라도 더 따뜻하게 하는 배려를 잊지 않습니다. 그들에게 어떤 어려움이 있는지 주위를 둘러보는 세심함도 빠뜨리지 않습니다.

아놀드 슈왈츠제네거는 영화 〈터미네이터〉로 우리에게 너무나 친숙한 영화배우입니다.

그는 캘리포니아 주지사로 당선된 날 밤 연단에 올랐을 때 이 말로 연설을 시작했습니다.

"여보, 당신 때문에 얼마나 많은 표를 얻었는지 알고 있어."

성공한 사람들 곁에는 힘이 되어준 사람들이 있었습니다. 아놀

'등잔 밑이 어둡다'는 말이 있습니다. 언제나 볼 수 있고 가까이 있다는 이유로 소홀해지는 것은 스스로 미래의 자산을 갉아먹는 일입니다. 꿈과 목표가 확실한 사람은 정작 가까이 있는 사람들에게 소홀하지 않습니다. 오히려 말 한마디라도 더 따뜻하게 하는 배려를 잊지 않습니다. 그들에게 어떤 어려움이 있는지 주위를 둘러보는 세심함도 빠뜨리지 않습니다.

드 역시 그를 진심으로 사랑하고 후원해주는 아내 마리아 슈라이버가 있었습니다.

그녀가 보디빌딩 챔피언인 아놀드를 만나게 된 이야기는 너무나 유명합니다. 워싱턴에 있는 조지타운 대학을 다니던 21세 때였습니다.

그녀의 삼촌인 로버트 F. 케네디 기념 테니스 대회에 참가한 아놀드는 훗날 장모가 될 유니스 슈라이버에게 이렇게 말했습니다.

"어머니를 닮아서인지 따님이 정말 아름답네요."

바로 다음 날 그녀는 아놀드를 매사추세츠 주에 있는 케네디가의 별장으로 초청했습니다. 그리고 10년간의 열애 끝에 두 사람은 결혼에 골인했습니다.

그들은 캐서린과 크리스티나, 패트릭, 크리스토퍼 이렇게 2남 2녀를 두고 있습니다.

그녀는 매일 오후 4시부터 4시간 동안 집 전화기를 뽑아놓고 아이들의 숙제를 봐주는 등 가정에 마음을 쏟았습니다. 이런 마리아 슈라이버가 있었기에 아놀드는 캘리포니아 주지사가 될 수 있었습니다.

이처럼 우리가 무슨 일을 할 때는 주위 사람들의 지지가 절대적으로 필요합니다. 그들은 끊임없이 용기와 희망을 불어넣어주는 존재입니다. 꿈을 향한 설계도는 자신이 세웠지만 정작 그 길을 가는 데 필요한 에너지는 그들에게서 나옵니다.

마라톤 선수가 포기하지 않고 끝까지 완주하는 힘은 관중들의 아낌없는 격려와 박수에서 옵니다. 그렇듯이 시련이 앞을 가로막아도 나를 믿어주는 주위 사람들 때문에 쉽게 꿈을 포기할 수 없는 것입니다. 그들은 우리가 지쳐 쓰러지거나 절망하더라도 절대 비난하지 않습니다. 오히려 안타까워하고 고통을 함께 나누려 합니다. 언제나 꿈과 희망을 각인시켜주고 용기를 불어넣어주는 사람들. 나는 이런 사람들보다 더 가치 있는 자산을 알지 못합니다.

아낌없는 사랑과 관심은
내가 목표로 하는 일에
뜨거운 열정을 바칠 수 있게 하는
강력한 에너지와 같습니다.
혹 우리에게 부족한 것이 있다면
사랑과 관심으로 채워야 합니다.

논쟁의 승리자보다는
친구가 되자

유독 튀는 말과 행동을 하는 사람이 있습니다. 이런 사람은 주위 사람들과 원만한 관계를 형성하지 못합니다. 다른 사람보다 우위에 서려는 마음이 앞서기 때문에 크고 작은 다툼이 끊이지 않습니다.

그들은 누군가와 대화할 때 이런 말을 자주 사용합니다.

"내가 알기로는 그게 아니고….”

"자네가 잘못 알고 있어.”

상대방의 잘못을 지적하려 드는 것입니다.

'모난 돌이 정 맞는다' 는 말처럼 말과 행동이 너무 튀면 미움을 받게 마련입니다. 미운 사람에게 그 어떤 사람도 귀가 솔깃해지는 정보를 알려줄 리 만무하지요. 때문에 자연히 성공을 향한 여정은 험난할 수밖에 없습니다.

상대방이 잘못된 정보를 알고 있더라도 꼬집어 지적하지 말아야 합니다. 자기 자신은 상대방에게 옳은 정보를 알려주는 데서 쾌감을 느낄지 모르지만 자존심을 구긴 상대방은 마음속으로 복수의 칼날을 갈 것입니다.

어떤 경우에도 상대방의 자존심을 깎아내려서는 안 됩니다. 인간관계에 있어 상대방의 자존심을 건드리는 일만큼 위험한 일도 없습니다. 한번 다친 자존심은 쉽게 아물지 않기 때문입니다.

어느 날 저녁, 성공학의 거장 데일 카네기는 로스 경을 위한 어느 연회에 참석했습니다.

식사 도중 옆자리에 있던 사람이 "아무리 일을 벌여놓아도 최종적인 결정을 내리는 것은 신의 뜻이다"라는 말을 인용해가면서 익살스런 이야기를 했습니다.

이 인용문은 성경에 있는 문구라고 그 재담꾼은 말했습니다.

카네기는 그가 잘못 알고 있다는 것을 알았습니다. 왜냐하면 자신이 그 인용문을 누구보다 잘 알고 있었기에 조금도 의심의 여지가 없었던 것입니다.

그래서 카네기는 자존심을 세우고 잘난 체하기 위해서 그의 잘못을 지적했습니다. 하지만 상대방도 자기 주장을 굽히지 않았습니다.

"무슨 말씀입니까? 셰익스피어 작품에 나오는 문구라고요?

그럴 리가 없소! 말도 안 되는 소리요! 그 말은 성경에 나오는 말이오."

재담꾼은 카네기 오른쪽에 앉아 있었고, 왼쪽에는 자신의 친구인 프랭크 가몬드가 앉아 있었습니다.

프랭크 가몬드는 오랫동안 셰익스피어를 연구해왔습니다. 그렇기 때문에 카네기는 그의 의견을 듣기로 했습니다.

그는 가만히 듣고 있더니 식탁 아래로 카네기를 툭 치면서 말했습니다.

"이봐, 데일, 자네가 틀렸네. 저 신사분의 말씀이 옳아. 그건 성경에 나오는 말일세!"

그날 밤 집으로 돌아오면서 카네기는 친구에게 물었습니다.

"프랭크, 자네는 그 인용문이 셰익스피어에 나오는 말임을 누구보다 잘 알고 있지 않은가?"

프랭크 가몬드가 웃으며 대답했습니다.

"물론 알고 있지.〈햄릿〉5막 2장이지. 하지만 데일. 우리는 그 즐거운 모임의 손님이었잖아. 자네는 왜 그 사람 말이 틀렸다는 걸 증명하려 들지? 그렇게 하면 그가 자네를 좋아하겠나? 그런데 왜 그 사람 체면을 세워주지 않았나? 그는 자네의 의견을 묻지도 않았네. 원하지도 않았단 말일세. 그런데 그 사람과 논쟁을 하려 하는가? 항상 원만하게 처신해야 되네."

모난 마음보다 둥글둥글한 마음을 가지도록 노력해야 합니다. 상대방을 공격하지 않고 따뜻한 마음으로 이해할 때 좋은 관계로 발전시킬 수 있습니다.

어떤 상황이 되었건 상대방의 체면을 구기면서까지 논쟁에서 이기려 들지는 말아야 합니다. 대인관계에 있어 이보다 더 어리석은 일은 없습니다. 비록 논쟁에서 상대방에게 이겼지만 정작 상대방은 '좀 안다고 유세하는 거야. 뭐야?' 라며 속으로 이를 갈 것입니다. 차라리 고개를 드는 마음을 가라앉히고 상대방의 이야기에 귀를 기울인다면 훗날 자신을 도와줄 친구로 만들 수 있습니다.

많이 배운 티를 내는 사람이 있습니다. 그런 사람은 다른 사람이 자신의 견해와 맞지 않는 말을 할 때 그냥 넘어가는 법이 없습니다. 또 상대방의 기분은 아랑곳없이 이건 이렇고 저건 저렇다고 꼬집어 이야기하므로 정이 떨어지게 마련입니다.

그러나 살다 보면 누구나 오류를 범할 수 있습니다. 그러니 굳이 지적해주려면 상대방의 기분을 상하지 않는 선에서 자연스럽게 이야기하는 것이 좋습니다.

대부분의 사람들은

성격이 모난 사람보다는

둥글둥글한 사람에게서 편안함을 느낍니다.

논쟁을 좋아하는 사람은

타인에게 자신의 우월함을 드러내려 합니다.

그러다 보니 종종 언쟁이 생기기도 합니다.

반대로 성격이 완만한 사람은

어떤 사람들의 이야기도

귀담아 들어주는 이해심을 지니고 있습니다.

자신보다 지식이 얕아도 내색하지 않으며

자신의 주장을 세우려 하지 않습니다.

이런 사람들의 마음은

가만히 흐르는 강물 같아서

항상 주위에 많은 친구들이 있게 마련입니다.

칭찬은 달콤한 사탕, 비판은 인생의 스승

칭찬은 의욕을 높여 하고 있는 일에 더욱 매진하게 합니다. 칭찬할 줄 모르거나 인색한 사람은 상대방의 성공을 방해할 뿐 아니라 자신에게 다가올 많은 기회들을 내치는 것과 같습니다. 이런 사람과 가까이 하려는 사람은 아무도 없을 것이기 때문입니다.

칭찬이 의욕을 높여주는 데 비해 비난은 상대방의 의욕을 줄어들게 만들고 방해합니다. 비난을 들은 사람은 하루 종일 우울한 기분을 털어버리지 못합니다. 결국 비난으로 인해 자신의 일에까지 지장을 주는 것입니다.

영국의 어느 기업에서 있었던 일입니다. 비슷한 조건의 신입사원 10명을 두 그룹으로 나눈 다음, 칭찬과 격려를 많이 해주는 상사에게 5명을, 비난과 잘못만 지적하는 상사에게 5명을 보

내 맡겼습니다. 일 년 후 두 그룹이 낸 성과에는 어떤 차이가 있었을까요?

칭찬받은 직원들은 자신감과 의욕이 가득하고 매사에 적극적이었습니다. 한편 늘 비난과 지적만 받은 직원들은 패배감에 젖어 있었고, 자주 실의와 절망에 빠지는 경향이 짙었습니다.

선동렬 투수가 활약했던 일본 프로야구의 명문 구단 주니치 드래건스의 호시노 감독은 일본 프로야구계의 신화적인 인물로 꼽히는 사람입니다. 주니치를 일본 최고의 팀으로 끌어올린 호시노 감독은 매우 엄한 스파르타식 트레이닝을 시키기로 유명합니다. 그러나 그런 호시노 감독도 선수들을 꾸짖을 때는 예상 외로 부드럽게 말하곤 합니다.

어느 날 한 선수가 강훈련에 지쳐 투덜댔습니다.

"감독님, 저는 힘들어서 더 이상 못하겠습니다."

대부분의 감독들은 선수들이 이런 말을 할 경우 심하게 호통을 칠 것입니다. 하지만 평소 엄하기로 소문난 호시노 감독은 화를 내지 않았습니다.

그는 부드러운 어조로 이렇게 말했습니다.

"자네, 언젠가 나에게 최고의 선수가 되고 싶다고 말하지 않았나? 최고의 선수가 되려면 이보다 더 힘든 훈련도 견뎌야만 해. 힘들지 않은 것이 오히려 더 이상하다네. 지금까지 자네는 누구보다 잘해주었지. 나는 앞으로 잘해주리라 믿고 있네."

그 선수는 호시노 감독의 말에 감동해 다시 훈련에 열중했습니다. 그리고 마침내 일본 프로야구 재팬 시리즈에서 뛰어난 활약을 펼쳐 팀을 승리로 이끌었습니다.

만일 호시노 감독이 선수를 비난하거나 꾸짖었다면 그는 반발심에 대들거나 훈련을 포기하고 말았을 것입니다. 하지만 그는 지쳐 있는 선수에게 가장 필요한 것이 무엇인지 잘 알고 있었습니다. 그것은 바로 질책이 아닌 칭찬이었습니다. 따뜻한 마음이 담긴 호시노 감독의 말에 선수는 그의 기대에 부응하기 위해 더욱 열심히 훈련에 임했습니다. 그 결과는 팀의 우승으로 나타났습니다.

내가 질문을 던져보겠습니다.

"칭찬과 비판 중 어떤 것이 더 좋습니까, 그리고 그 이유는 무엇입니까?"

사람들은 대부분 칭찬이라고 대답할 것입니다. 그 이유는 칭찬은 자신을 추켜 세워줄 뿐 아니라 기분을 좋게 해주기 때문입니다.

반대로 비판은 상대방의 부족한 점이나 개선해야 할 점을 지적하기 때문에 기분이 그다지 좋지 않습니다.

칭찬을 좋아하는 사람은 웅덩이에 고여 있는 물과 같습니다. 고여 있는 물은 썩게 마련입니다. 물은 흘러야 맑음을 유지할 수 있습니다. 또한 강을 지나 드넓은 바다에 도달할 수 있습니다. 바다까지 가는 동안 급한 물줄기나 폭포와 같은 험난한 시련이 있을 것입니다. 이런 시련은 다른 사람들이 자신을 향해 던지는 비판과도 같습니다. 비판을 피하지 않고 오히려 귀를 연다면 우리는 매일매일 더 나은 사람이 될 수 있습니다.

비판은 나를 업그레이드해주는 고마운 훈련과도 같습니다. 비판은 나에게 어떤 점이 모자라고 그른지 있는 그대로 드러내줍니다. 옛말에 "비판보다 더 나은 스승은 없다"라는 말이 있습니다. 비판을 사랑하고 잘 활용한다면 보다 쉽게 나를 개선하고 변화시킬 수 있습니다.

사람들은 비판보다는 칭찬을 듣고 싶어 합니다. 하지만 우리가 알고 있는 위대한 사람들은 칭찬보다는 남의 비판을 귀담아 들었습니다. 진심이 담긴 비판은 그 사람의 앞날을 환하게 비춰주는 태양과도 같습니다.

여러분은 어떻습니까? 칭찬이 이를 썩게 하는 사탕인 줄도 모른 채 칭찬에 귀가 솔깃해하지 않습니까. 그동안 칭찬에 귀를 기울였다면 지금부터라도 비판을 사랑해야 합니다. 비판은 자신을 돌아보게 하고 우쭐해지려는 마음을 겸손하게 변화시켜주는 참된 스승과도 같습니다.

비판을 겸허히 받아들일 줄 아는 사람은 결코 상대방을 비난하거나 화내지 않습니다. 비판이야말로 자신을 성숙하게 해주는 자양분이라는 것을 잘 알기 때문입니다.

상대방이 자신에게 비판을 할 때 순간적으로 화가 치밀 수도 있습니다. 하지만 그 비판이 자신의 단점을 지적해주고 겸손을 가르쳐주는 스승이라고 생각한다면 화는 스스로 가라앉을 것입니다.

칭찬보다 비판에 귀를 기울이는 사람은 세상에서 가장 값비싼 지혜를 얻는 사람입니다. 또한 비판을 외면하지 않고 받아들일 때 한층 성숙된 자신을 발견할 수 있을 것입니다.

칭찬을 좋아하는 사람은
사탕을 좋아하는 아이와 같습니다.
반대로 칭찬보다 비판을 좋아하는 사람은
자신의 단점을 스스로 고치는 성숙한 어른과 같습니다.
사탕을 좋아하다 보면
자신도 모르는 사이에 치아가 썩을 테니까요.
그러나 비판을 좋아하다 보면
자신의 몸 곳곳을 체크할 수 있어
몸을 더욱 건강하게 지킬 수 있습니다.

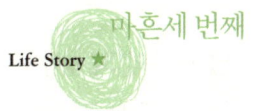

내가 그의 이름을
불러주었을 때

우리는 하루에도 많은 사람들을 만납니다. 하지만 그들의 이름이나 외모를 며칠 후, 몇 달 후에도 생생하게 기억할 수 있을까요?

인생을 살아감에 있어 상대방의 이름과 모습을 기억하는 것은 참으로 중요합니다. 이보다 더 중요한 인간관계의 기본은 없기 때문입니다. 만일 누군가가 얼마 전 모임에서 만난 당신을 기억하지 못한다면 기분이 상할 것입니다. 상대방 역시 자기를 알아보지 못한다면 마음이 상할 테니까요.

며칠 전 김 대리는 어느 모임에 참석하게 되었습니다. 그는 그곳에서 우연히 한 사람을 소개받았습니다. 김 대리는 소개받은 사람과 많은 이야기를 나누지 못했습니다. 그날 여러 사람들이 참석했기 때문에 이야기가 줄곧 끊겼기 때문입니다.

몇 달 후 김 대리는 새로 거래를 트게 된 회사의 최 상무를 접대하라는 지시를 받았습니다. 김 대리는 최 상무에게 저녁식사를 대접했습니다. 그런데 줄곧 김 대리의 머릿속에는 '어디서 봤더라? 분명 낯이 익은데…' 라는 생각이 떠나질 않았습니다.

　최 상무는 속으로 '지난 모임에서 만났는데 잊어버렸나? 아니면 모른 척하는 건가?' 하고 생각했습니다. 평소 최 상무는 처음 만난 사람을 기억 못하는 사람을 신뢰하지 않는 편이었습니다.

　그날 결국 김 대리는 상대방을 기억 못하는 자신의 소홀함 때문에 좋은 인상을 심어주지 못했습니다.

　김 대리처럼 상대방을 기억하지 못한다고 해서 즉각적으로 인간관계에 큰 지장이 있는 것은 아닙니다. 하지만 이런 일이 누적된다면 상황은 달라집니다. 훗날 자신에게 찾아온 행운이, 자신이 상대방을 기억하지 못했듯이 차갑게 다른 누군가에게로 비껴갈 수 있기 때문입니다.

　누구든 자신의 이름을 기억하고 불러주는 것에 호감과 친밀감을 느끼게 마련입니다. 상대방을 기억한다는 것은 존중하고 있다는 뜻이기도 하니까요. 반대로 상대방을 까맣게 잊고 있다는 것은 상대방에게 관심이 없다는, 존중하지 않는다는 뜻이기도 합니다.

　세상은 끊임없이 누군가와 부대끼며 살아가는 곳입니다. 성공 또한 혼자서는 절대로 이룰 수 없습니다. 때문에 상대방과 나눈 대화의 내용과 목소리, 취미 등 모습을 잊지 않고 기억하는 습관을 들여야 합니다.

처음 만난 사람의 이름과 외모를 기억하는 방법을 소개할까 합니다. 이대로 실천만 해도 많은 도움이 되리라 확신합니다.

1. 10번 되풀이해서 말하기

잠들기 전에 내일 아침 몇 시에 일어나야지 하고 다짐하고 잠들었을 때 저절로 그 시간에 깼던 적이 누구나 있을 것입니다.

바로 그것입니다. 아침에 일어나고자 하는 시간에 마음을 고정시키면 정확히 그 시간에 일어나는 원리를 이용하는 것입니다. 정신을 집중시킨 상태에서 자신이 기억하고자 하는 것을 여러 차례 되풀이해서 말하면 됩니다.

다른 사람의 이름을 잘 기억하지 못하는 것은 처음부터 그 이름을 제대로 기억하지 않았기 때문입니다. 어떤 사람을 소개받을 때 그 사람의 이름을 쉽게 기억하려면 먼저 그 이름을 정확하게 알아들은 다음 10번을 되풀이해서 말해봅시다. 만일 그 이름이 자신이 잘 아는 이름과 똑같거나 비슷하다면 그것들을 연관 지어 생각하는 것도 좋은 방법일 것입니다.

2. 머릿속에 확실한 인식 남기기

이름이나 날짜, 장소 같은 감각 인상을 나중에 분명하게 기억하려면 세세한 부분에까지 주의력을 집중해 확실한 인상을 만드는 것이 중요합니다. 기억하고자 하는 것을 몇 차례 반복해서 말하면 도움이 됩니다.

카메라의 감광판에 대상물을 기록하기 위해 적절한 노출시간이 필요하듯이, 나중에 쉽게 기억을 되살리려면 잠재의식이 감각 인상을 분명하게 기록할 수 있는 시간이 필요합니다.

3. 기억 대상을 이미지화시키기

기억하고자 하는 대상을 언젠가 가보았던 카페라든지 아니면 생일날에 받았던 선물 같은 자신에게 아주 특별한 것에 이미지화시키는 것입니다. 그러면 우리의 두뇌는 기억하고자 하는 감각 인상을 쉽게 기억할 수 있는 정보와 함께 정리해서 보관하게 되는 것입니다.

그렇기 때문에 의식 속으로 하나를 불러내면 나머지 것도 함께 따라나옵니다.

김춘수 시인의 시 〈꽃〉의 일부입니다.

내가 그의 이름을 불러주기 전에는

그는 다만

하나의 몸짓에 지나지 않았다.

내가 그의 이름을 불러주었을 때

그는 나에게로 와서

꽃이 되었다.

상대방이 먼저 나를 알아주는 것보다 더 기분 좋은 일은 없습니다. 누군가 나의 이름을 불러주고 알아줄 때 우리는 의미 있는 사람이 될 수 있습니다. 김춘수 시인의 말처럼 우리 모두는 누군가에게 어떤 존재가 되고 싶어 하는 속성이 있다는 것을 잊어선 안 됩니다. 이런 속성을 잘 파악해서 활용한다면 좀 더 친밀하고 따뜻한 인간관계가 될 것입니다.

처음 만난 사람일지라도
반드시 그 사람의 이름과 외모를 기억해야 합니다.
언제 어디서 다시 만날지 알 수 없기 때문입니다.
누군가 자신을 기억해주지 않는 것보다
더 기분 상하는 일은 없습니다.
반대로 딱 한 번 만났을 뿐인데
기억해준다면 이보다 더 기쁜 일은 없을 테지요.
사람을 사귐에 있어
그 사람의 이름과 외모를 잊지 않고
기억하는 일은 인간관계의 기본입니다.

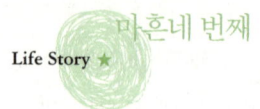
익숙한 어제에서
낯선 내일로
여행을 떠나자

지금부터 다가올 모든 순간은 새로운 출발입니다. 우리 모두는 새로움을 향한 삶의 과정 속에 뛰어들었습니다. 과정은 그리 순탄하지만은 않겠지만 거센 파도나 그칠 줄 모르는 폭풍우를 뚫고 전진하는 가운데 인생이 주는 참의미를 깨닫게 될 것입니다. 또한 자신이 원하는 것을 얻었을 때 느끼는 벅찬 감동은 가장 큰 선물일 것입니다.

중요한 것은 변화가 필요한 시기에는 변화의 물결보다 앞서 가야 한다는 것입니다. 이것이 변화의 시대가 요구하는 생존의 방식입니다.

앞으로 나아가는 자신의 발목을 붙잡는 모든 것들은 과감하게 떨쳐버려야 합니다. 두려움은 그 무엇도 아닌 내 안에 숨어 있는 '자신'입니다.

성공하고 싶다면 오늘 당장 '망설임'을 '결단'으로 바꾸어야 합니다. 그래야 현재의 부족한 조건이 개선되고 유리한 조건을 만들어낼 수 있습니다. 이러한 것을 하루빨리 자각함으로써 바위처럼 마음을 억누르는 자신을 움직여 앞으로 나아갈 수 있습니다. 이것이 성공의 가장 중요한 핵심 요소입니다.

적은 우리의 내부에 있습니다. 망설이고 있는 '현재의 당신'이 바로 그 적입니다. 기회는 지금밖에 없습니다. 더 이상 망설여선 안 됩니다. 강한 믿음으로 자신의 계획을 실천에 옮겨야 합니다.

지금 당장 여러분의 목표가 그려져 있는 설계도를 가지고 떠나십시오! 신은 현실에 안주하지 않고 위험을 무릅쓰고서 낯선 세계를 모험하는 자에게만 파라다이스를 열어줍니다. 이는 곧 '익숙한 어제'의 모습에서 '낯선 내일'로의 여행입니다.

우리는 가끔 현실에 안주하며 살아온 어제 속에서 불안한 내일을 발견하곤 합니다. 이때 서서히 다가오는 자신의 미래가 어떤 모습일지 생각해보아야 합니다. 미래를 떠올렸을 때 얼굴에 미소가 아닌 두려움이 인다면 지금 과감하게 새로운 전환점을 맞이해야 합니다.

지금까지 겪은 땀과 노력, 실패와 좌절의 아픔들은 인생의 목차에 쓰인 제1장의 내용에 불과합니다. 이제는 익숙한 어제에 연연해하지 않고 좀 더 알차게 제2장, 즉 새로운 내일을 써 나가는 자세가 필요합니다. 이러할 때 삶은 새로운 전기를 열어줄 것입니다.

기쁜 마음으로 어제의 비늘을 털어버려야 합니다. 그동안 앞으로 나아가지 못하게 발목을 잡고 있던 실패를 버림으로써 성공으로 나아갈 수 있습니다. 바로 거기에서부터 성공을 향한 자아가 싹트는 것입니다.

그리고 과감하게 결단해야 합니다. 결단 속에 열쇠가 있습니다. 결단은 결코 선택이 아닙니다. 그것은 무슨 일을 하기 위해 반드시 필요한 과정입니다. 또 공기를 들이마시고 내쉬듯이 변화를 들이마시고 내쉬어야 합니다. 거기에 눈부신 미래가 있습니다.

지금부터 자신의 삶을 제대로 써나가고자 한다면 결정하고 도전해야 합니다. 도전할 때 새로운 기회도, 성공의 예감도 찾아오는 것입니다. 그래야만 인생의 제2장은 도전과 승리의 장이 될 수 있습니다.

남과 다른 사람이 되고 싶다면, 자신의 성공이 스스로의 '필요'에 의해 만들어져야 합니다. 성공을 향한 첫발은 '습관'을 바꾸는 것입니다. 즉 생각을 믿음으로 실천으로 옮기는 것입니다.

매순간 '이유 있는' 삶을 살도록 노력해야 합니다. 그것이 우리의 인생을 장밋빛으로 만들어줄 것입니다. 또한 이런 삶은 그윽한 향기를 가득 담고 있는 꽃처럼 아름답습니다.

이 이야기는 아주 오래 전 시카고에서 있었던 일입니다.

갠솔러스라는 젊은 성직자가 시카고의 여러 신문에 다가오는 일요일 아침에 다음과 같은 제목의 설교를 하겠다고 광고를 냈습니다.

'100만 달러가 있다면, 내가 하고 싶은 일!'

육류 포장사업으로 거부가 된 필립 D. 아머가 광고를 보고 목사의 설교를 들어보기로 결심했습니다.

갠솔러스는 설교를 통해 새로운 비전을 가진 대학 창설의 필요성을 역설했습니다.

젊은이들에게 실생활에 적용할 수 있는 정신력과 사고력을 키워줌으로써 인생을 성공으로 이끌어주는 위대한 학교의 건설이 그의 꿈이었습니다. 그래서 100만 달러가 있다면 하고 싶은 일이 바로 그러한 학교를 세우는 것이었습니다.

목사가 설교를 마치자 아머는 곧 설교 단상으로 다가가 목사에게 자신을 소개한 후 이렇게 말했습니다.

"지금 말씀하신 모든 일을 목사님이 반드시 해내실 수 있다고 믿습니다. 내일 아침에 제 사무실로 오시면, 필요한 100만 달러를 드리겠습니다."

이로써 미국에서 최고의 명문 학교인 아머 공과대학이 탄생하게 되었습니다. 한 젊은 목사의 믿음과 실천이 아머 공과대학을 세웠던 것입니다.

어제에 머물러 있으면 새로운 내일을 맞이할 수 없습니다.

지금까지 겪은 땀과 노력, 실패와 좌절의 아픔들은 인생의 목차에 쓰인 제1장
의 내용에 불과합니다. 이제는 익숙한 어제에 연연해하지 않고 좀 더 알차게 제2장,
즉 새로운 내일을 써 나가는 자세가 필요합니다. 이러할 때 삶은 새로운 전기를 열
어줄 것입니다.

오늘보다 더 나은 내일을 기대할 수 없다면 어떤 희망도 가질 수 없습니다. 이는 가장 피하고 싶은 형벌과도 같은 삶이 아닐까요.

인생은 우리에게 공짜로 어떤 것도 주지 않습니다. 익숙한 어제에서 벗어나, 비록 낯설지만 내일로 힘찬 발걸음 옮길 때 새로운 삶을 만들어갈 수 있습니다.

나는 가끔 포장마차에서 술을 마시곤 합니다. 그곳에는 언제나 많은 직장인들이 술잔을 기울고 있습니다. 그들이 주고받는 대화를 들어보면 화제는 언제나 직장 상사나 동료의 험담이 주를 이루고 있습니다.

"학창 시절엔 꿈도 많았는데, 지금은 쥐꼬리 만한 월급이라도 받으려고 회사에 목매달고 있으니… 참 불쌍한 내 인생!"

나의 귀에 들려온 한 직장인의 푸념입니다.

많은 사람들이 꿈을 펼쳐보지도 않고 너무나 쉽게 포기해버립니다. 지금껏 우리가 포기한 일들 가운데 굳건한 믿음과 실천이 따라주었더라면 가능했던 일도 많았을 것입니다.

"강물이 반대 물살을 만났을 때 너무 쉽게 굴복해버리기 때문에 물줄기가 굽어지는 것입니다."

유명한 철학자의 말처럼 쉽게 믿음을 잃지 않을 때 희망은 반드시 찾아올 것입니다.

기회와 변화, 그리고 도전과 미래의 불확실성은 우리의 마음을 어지럽힙니다. 하지만 그런 순간에도 자신을 믿고 두려움을 이겨내야 합니다. 두려움을 이겨낼 때 우리는 성공의 문턱에 이르게 됩니다.

성경에 이런 말이 나옵니다.
'믿어라. 그러면 당신의 믿음이 적절한 시기에
당신이 믿는 바를 객관적인 현실로 창조해낼 것이다.
믿음은 바라는 것의 실상이다.'
자신이 원하는 일에 대한 믿음을 가지세요.
믿음만 있다면 어떤 일이든 이루어낼 수 있습니다.
믿음이야말로 든든한 배경과도 같으니까요.

나를 사랑하는
자기계발

오늘 아침 나는 친구로부터 힘이 나는 메일 한 통을 받았습니다. 그 글을 거듭 읽어 내려가며 앞으로 나 자신에 대해 투자를 아끼지 말아야겠다는 생각이 들었습니다.

"마흔이 될 때까지 가지고 있는 모든 돈과 시간을 털어 자신에게 투자하라. 마흔이 넘어 믿을 수 있는 것은 자기뿐이다. 돈을 남기려고 하지 말고 자신을 남기도록 하라.

지금을 활용하라. 지금 현장에서 겪고 있는 일들을 관찰하고 기록하고 정리하라. 이것이 배움이다. 일에 마음을 쏟지 않으면 20년을 해도 일의 핵심을 파악하기 어렵다. 배움은 여러 가지를 연결하는 가장 좋은 연습일 뿐만 아니라 현실과 꿈을 연결하는 자신의 방식을 익혀가는 것이다.

차별화하고 또 차별화하라. 다른 사람들이 가는 큰길로 가서 군중 속에 섞이지 마라. '다름'이 쓸모를 결정하고, 가장 자기다운 것이 가장 큰 쓸모임을 명심하라.

꿈을 가져라. 꿈이 없으며 미래는 죽은 것과 다름없다. 잡힐 듯이 꿈꾸는 사람들만이 그 꿈과 닮아가게 된다."

세상에 자기 자신보다 더 소중한 것은 없습니다. 돈과 명예와 권력도 나의 정신이 온전하고 건강할 뿐 아니라 행복한 삶을 영위할 때 그 가치가 큰 것입니다. 그러기 위해선 자기 자신에게 더 많은 여유와 휴식을 주어야 합니다. 지금은 예전처럼 업무에만 파묻혀 살면 안전한 그런 시대가 아닙니다. 끊임없는 자기계발로 전문지식을 쌓을 때 스스로를 지킬 수 있습니다. 그러려면 과감한 투자가 뒷받침되어야 합니다.

"단순히 산다는 것이 중요한 것이 아니다, 잘 살아가는 것이 중요하다."

소크라테스의 말입니다. 사람마다 잘 산다는 기준은 제각각이지만 미래를 위해 현재를 투자해야 한다는 것에는 모두 공감합니다. 특히 미래에 최고의 자산이 될 자기계발에 대한 투자는 아무리 강조해도 지나치지 않습니다.

그러나 사람들은 재테크에 투자하는 시간과 돈은 아까워하지 않으면서 자기계발에 투자하는 것에는 인색합니다. 오히려 돈이 없어서 못한다거나 하고 싶어도 시간이 없다는 등의 온갖 핑계를 갖다 붙이기까지 합니다.

하지만 좀 더 멀리 내다보면 자신을 좋은 방향으로 바꾸기 위한 돈과 시간의 투자, 피나는 노력 없이는 결코 성공에 이를 수 없다는 진리를 깨닫게 됩니다. 아무리 지식과 경험이 많은 사람이라도 끊임없이 자기계발을 하지 않는다면 급변하는 사회적 흐름에서 도태될 수밖에 없습니다. 그러므로 자기계발에 투자하는 것을 아까워하지 말아야 합니다.

예전에는 오로지 직장에만 매달려 있으면 능력을 인정을 받았습니다. 하지만 지금 그렇게 한다면 어느새 동료들에게 밀려나고 말 것입니다.

갈수록 치열해지는 세상에서 살아남기 위해서는 자신을 끊임없이 업그레이드해야 합니다.

"하루 종일 업무에 시달리고 파김치가 되어 씻지도 않고 침대에 누워 있었죠. 문득 '지금 나는 행복한가?'라는 생각이 들었고, 그때 나를 위한 시간과 투자가 필요하다는 것을 느꼈어요. 그래서 그 다음 날 바로 그동안 배우고 싶었던 댄스학원으로 달려갔어요."

세무사 사무실에 다니는 권경숙 씨는 퇴근 후 곧장 댄스학원에서 스텝을 밟으며 스트레스를 풉니다.

예전 같았으면 "피곤한데 집에 가서 씻고 잠이나 푹 잘 거야." "회사 일만 해도 힘든데 운동은 무슨…?" 하고 말했을 것입니다.

어느 유명한 심리학자는 직장에서 벗어나 자신의 욕구를 분출하는 것이 직장생활에도 도움이 된다고 말했습니다.

직장에만 너무 매달려 있으면 오히려 일의 능률이 떨어진다는 것입니다. 사람은 일만 하며 살아갈 수 없습니다. 때론 취미생활도 하고 좋은 사람들과 즐거운 시간을 보내고 배우는 과정 속에서 자기 자신을 사랑하게 되는 것입니다.

일밖에 모르는 사람은 주위의 사람들에게 그다지 큰 매력을 주지 못합니다. 오히려 자신에게 주어진 일에 최선을 다하는 사람, 여가시간에는 자신만을 위해 아낌없이 투자하는 사람이 매력적입니다.

주위를 둘러보면 퇴근 후 앞치마를 두른 교사도 보이고 귀청을 찢을 듯한 록 음악을 연주하는 회사원도 보입니다.

잠시 마음의 여유를 가져보십시오. 그러면 세상이 즐겁고 살만하게 느껴집니다.

"생계를 해결해주는 직장의 고마움을 잊은 적은 없지만 그렇다고 내 인생을 직장에만 묶어놓고 싶지 않았어요."

내가 알고 지내는 한 사람은 집, 회사, 다시 집… 똑같은 어제와 오늘 그리고 내일이 무의미하게 느껴졌다고 말했습니다. 그래서 과감하게 직장 업무에만 목숨을 거는 '회사형' 인간을 거부하고, 'My life' 즉 자신이 원하는 일을 하고 있는 것입니다.

고대 로마의 철학자 시세로는 "행복하게 산다는 것은 마음의 평온함을 뜻한다"고 말했습니다. 마음이 평온하지 않은데 행복을 느낄 리 만무하겠지요. 모든 사람들이 성공하고 싶어 하는 이유는 진정으로 행복하게 살고 싶기 때문입니다.

여러분, 지금부터라도 하루 중에 자신만을 위한 시간을 가져 보십시오. 그리고 이른 아침부터 밤늦은 시간까지 시달려온 업무에서 벗어나보십시오.

성공과 행복을 위해 세상에서 가장 소중한 자기 자신을 희생하는 것보다 불행한 일은 없을 것입니다.

꽃도 관심을 가질 때 더욱 아름답습니다.
이렇듯 스스로 자신을 위해 투자할 때
사람들에게 꽃향기 같은 매력을 줄 수 있습니다.
자신을 위해 투자하는 것은
더 나은 내일을 위해
오늘을 업그레이드 하는 것입니다.

배우고 또 배우는
마음 키우기

하루 공부하지 않으면 그것을 되찾기 위해서는 이틀이 걸린다.

이틀 공부하지 않으면 그것을 되찾기 위해서는 나흘이 걸린다.

일 년 공부하지 않으면, 그것을 되찾기 위해서는 이 년이 걸린다.

탈무드에 나오는 말입니다.

배움을 놓아버린 사람은 소중한 시간을 좀먹고 있는 사람입니다. 또한 나이가 적고 많음을 떠나 정신이 늙어가고 있는 것과 같습니다. 우리는 새로운 것을 받아들이고 익힐 때 사고의 영역을 확장시킬 수 있을 뿐 아니라 살아 있음을 느낄 수 있습니다.

특히 꿈과 목표가 있는 사람은 배움을 게을리해선 안 됩니다. 배우는 과정에서 자신에 대해 한층 더 깊이 알 수 있습니다. 또한 재능을 계발할 기회도 배움 속에 있습니다.

"만나는 사람은 모두 나의 스승이다."

작가 요시카와 에이지의 말처럼 타인에게는 자기 자신에게 없는 뛰어난 점이 있습니다. 남들의 그런 장점을 스펀지가 되어 자신의 머릿속에 흡수해야 합니다.

"100권의 책을 읽는 것보다 100명의 사람을 만나라"는 말이 있습니다. 아무리 지식이 풍부하게 깃들여 있는 책일지라도 사람을 직접 만나는 것보다 못합니다. 책 속의 간접적인 경험보다 사람을 만나 직접적인 경험을 하는 것이 더 큰 배움을 줍니다.

그렇다고 해서 책을 멀리하라는 것은 아닙니다. 다양한 책을 많이 읽는 것도 지식을 확장하는 데 큰 도움이 됩니다. 작가가 수많은 세월 동안 익힌 지식을 한 권의 책을 통해 쉽게 접할 수 있기 때문입니다.

여행을 떠나는 것도 좋은 방법입니다. 우물 안 개구리가 되어선 스스로를 도울 수 없습니다. 여러 지역을 돌아다니며 다양한 문화를 체험하다 보면 그만큼 생각의 폭도 넓어질 것입니다. 지식과 경험에 폭넓은 생각이 어우러진다면 금상첨화일 테니까요.

옛날 사람들은 장사하는 사람이 공부하는 것은 쓸데없는 것이라고 했습니다. 이 말은 이론적인 공부만으로는 상품을 팔지 못한다는 뜻일 겁니다.

예전에는 학비가 없어 학교를 다니지 못한 사람들이 비일비재했습니다. 그러나 지금은 어떻습니까? 높은 생활수준으로 인해 글을 읽고 쓰지 못하는 사람은 거의 없습니다. 이런 교육의 혜택으로 머릿속에 활용하지 못할 지식만 가득 채워 넣는 것은 아닐까요.

대부분의 학생들은 대학교에 들어가고 나면 '이제 공부는 끝났다'고 생각합니다. 이는 교육이 너무나 학교에만 치중되어 있음을 의미합니다. 공부는 학교에서 배우는 것만이 전부가 아닌데도 말이지요.

오히려 학교라는 테두리를 벗어나 생활 속에서 보고, 느끼고, 생각하고, 깨닫는 것이 더욱 소중한 공부입니다. 학교 공부에만 매달려 있다가 대학을 마친 취업 준비생과 틈틈이 아르바이트나 취미생활을 한 취업 준비생 중에 누가 더 사회가 필요로 하는 능력을 갖출 수 있을까요? 나는 후자라고 말하고 싶습니다. 경험이 얕으면 그만큼 경쟁력이 약해질 수밖에 없고, 생각하고 판단하는 사고력도 뒤처질 수밖에 없습니다.

요즘은 기업에서 사원을 채용할 때 '이색경력'과 '인성' 등에 중점을 두는 편입니다. 그렇기 때문에 무슨 일이든 항상 배우는 자세로 성실하게 임해야 합니다. 이러한 과정 속에 자신의 미래를 빛내줄 기회가 숨어 있음을 잊지 말아야 합니다.

세상은 급변하고 있습니다.

신제품이 출시된 지 몇 달도 채 지나지 않아 새로운 제품이 쏟아져 나옵니다. 이런 상황에서 배움을 등한시한다면 동료와 후배에게 추월당하고 말 것입니다.

손자병법에 보면 이런 말이 나옵니다.

"공부 잘한 사람만이 사회에서 성공하는 것은 아니다. 배운 것을 응용할 줄 알아야 한다."

돈이 많다고 해서 모두 행복하지는 않듯이 공부 또한 자신의 꿈을 이루게 도와주는 수단에 불과합니다. 공부라는 수단을 상황에 맞게 응용할 때 꿈을 향한 시간과 노력을 줄일 수 있습니다.

자고 나면 어제의 것은 구시대의 유물로 전락하고 새로움이 그 자리를 메우고 있습니다. 치열하게 배우지 않으면 급물살에 휩쓸려가듯 홍수 정보 속에서 허우적거리게 될 것입니다.

꿈이 있는 사람은 항상 배우고 익히는 마음을 실천해야 합니다. 이런 마음 자세야말로 자신이 원하는 분야에서의 성공을 앞당겨주는 기회가 될 것입니다.

항상 배운다는 마음가짐을 가져야 합니다.
아무리 지식이 많은 사람일지라도
한계가 있습니다.
한 사람의 지식으로 해결할 수 없는 문제도
여러 사람의 지식이 합쳐지면
쉽게 해결할 수 있습니다.
항상 누군가에게 배운다는
마음가짐을 가진다면
자신도 모르는 사이에 성공을 앞당겨주는
황금열쇠를 갖게 될 것입니다.

마흔일곱 번째

Life Story ★

경험과 인맥과
경력을 만들어가자

'사회가 나를 버렸어.'

'아, 나는 더 이상 갈 곳이 없어!'

갈수록 치열해지는 취업문 앞에서 절망하고 있는 취업준비생들은 희망과 의지를 잃었습니다. 취업시즌이 다가왔지만 채용하는 기업은 가뭄에 콩 나듯 합니다.

취업대란 속에서 살아남기 위해서는 혼자 힘만으로는 부족합니다. 도움받을 수 있는 곳이나 인맥을 최대한 활용해야 합니다.

취업준비생들과 마찬가지로 요즘 직장인들 또한 자신의 이미지를 관리하기 위해 부단히 안간힘을 쓰고 있습니다. 개인의 리더십이나 업무능력, 인간관계, 태도 등이 타인에 의해 평가되고 또 인사고과에 반영되어 연봉협상이나 승급심사의 주요 자료로 활용되기 때문입니다. 이러한 평가방식은 직장상사부터 자기평가까지 실로 다양하며, 평소의 이미지가 중요한 평가 기준이 되고 있습니다.

눈앞의 이익에만 급급해서는 뜻을 이루기가 힘듭니다. 이럴 때일수록 멀리 내다보아야 합니다.

취업준비생들에게 다양한 경험만큼 큰 도움이 되는 것도 없습니다. 다양한 경험을 쌓으면서 인맥을 넓히는 것도 중요합니다. 때에 따라 인맥은 자신을 끌어주는 견인차 역할을 해주기 때문입니다.

신문사 경제부 기자에서 취업전문 교수로 변신한 경희대 취업정보실 주임교수 이종구 박사. 그는 학생들에게 '대학 때 경력관리'와 '채용 박람회 100배 이용하기'를 권하고 있습니다.

예를 든다면 동아리, 스터디, 아르바이트도 경력이 될 수 있습니다. 졸업한 학교 학점이 자신을 대표하던 시대는 지났습니다.

외식업계에 진출하려면 음식점의 서빙 아르바이트도 하나의 경력이 될 수 있습니다. 대학 1학년 때부터 진출하고자 하는 분야와 관련된 경력을 쌓는다면 금상첨화가 아닐 수 없습니다.

어느 대기업의 인사 담당자는 이렇게 말했습니다.

"취업에 앞서 가장 먼저 해야 할 일은, 일생 동안 자신의 경력을 어떻게 관리할 것인가에 대해 장기적인 비전을 세우는 일입니다. 또한 인사 담당자에게 뚜렷한 목표를 제시할 수 있는 사람이 취업에도 당연히 유리합니다."

그는 이런 말을 덧붙였습니다.

"하지만 경력관리만큼이나 중요한 것이 있습니다. 바로 인맥 쌓기입니다. 좋은 인맥을 쌓는다면 나중에 뜻하지 않게 도움을 받을 수 있습니다. 우리의 인생은 서로 얽혀 있다는 것을 명심해야 합니다."

넓은 인맥은 취업뿐만 아니라 취업 후나 인생을 살아가는 데 많은 도움이 됩니다. 다양한 경험을 통해 인맥을 쌓고 나서 이런 인맥을 활용해 취업에 성공한 경우도 많습니다.

직장인들의 자기점검, 성공하는 직장인이 되기 위해선 인맥을 활용할 줄 알아야 합니다. 인맥 쌓기의 필수 조건에는 다음의 다섯 가지가 있습니다.

첫째, 말 한마디라도 친절하게 하라

스치는 말 한마디에 친절이 스며들면 아무리 못난 사람도 달리 보이는 법입니다. 하물며 직장에서의 말 한마디는 그 사람의 됨됨이를 나타냄은 물론 인사고과에도 상당한 영향을 미칩니다. 그러나 이런 말은 흔히 회식자리나 사적인 자리가 아니면 하기 힘든 말들이 대부분입니다. 가령 "박 대리 식사나 하러가지"라든가 "점심식사 했어요?"라는 물음은 일상적이면서도 상대방을 기분 좋게 하는 말입니다.

하지만 "당신 이렇게 해서 밥 먹고 살겠어?"라든지 "회사가 뭐 공짜로 먹여 살려주는 곳인 줄 알아?"라는 말은 상대방에게 상처를 주는 동시에 자신에게도 득이 될 게 없는 말입니다. 이런 일이 잦을 경우 직장 내 왕따가 되기 십상입니다.

둘째, 언제나 솔선수범하라

'솔선수범'이라는 말을 우리는 참 많이 들어왔습니다. 길가에 떨어진 휴지를 주워 쓰레기통에 버려야 한다거나, 사무실 바닥이 지저분하면 누가 시키기 전에 먼저 닦아야 한다는 말들…. 하지만 정작 회사 안팎에서 이런 솔선수범을 실천하기란 쉽지 않습니다. 실제로 회사 휴게실 한쪽에 떨어진 담배꽁초를 줍는 사람은 거의 없습니다.

하지만 이런 사소한 것들 하나라도 솔선수범한다면 지켜보는 사람들이 청결하고 깔끔한 사람으로 평가할 것입니다. 또 주위가 깨끗하면 자신까지 깨끗하게 보이는 것은 당연한 이치일 테지요.

성공하는 직장인의 첫 번째 조건은 동료들에게 주목받는 것입니다. 그러기 위해선 내가 할 수 있는 일을 먼저 하는 것은 물론이고 다른 사람들이 외면하는 일까지 묵묵히 솔선수범해야 합니다. 상사나 동료들에게 커피 한잔 돌리고 책상 정리도 먼저 할 때 그것이 솔선수범의 첫 걸음입니다.

셋째, YES는 YES고, NO는 NO다

한마디로 되는 건 되는 것이고 안 되는 건 안 되는 것입니다. 사실 직장 내에선 YES와 NO를 구별 못해 손해 보는 경우도 허다합니다. 잘 모르는 일도 기회다 싶으면 "제가 한번 해보겠습니다"라고 나서고, 혹은 부서 내 이기주의가 발동해 "그 일은 내가 처리할거야" 식의 우격다짐으로 인해 일을 망치거나 처리가 늦어지는 경우, 모두 피해를 입기 십상입니다.

또 번거롭고 자질구레한 일은 서로 이 핑계, 저 핑계를 대며 피하기도 합니다. 이런 경우를 지켜보는 사람들과는 그 순간부터 좋은 관계를 유지하기 힘들 것입니다. 비록 조금 번거롭고 조금은 거절하기 힘들더라도 확실한 답변을 하는 것이 오히려 인맥 쌓기에 좋은 영향을 미칠 것입니다.

넷째, 약속은 철저히, 신뢰는 서서히 쌓아라

일단 한 번 한 약속은 아무리 사소한 일이라도 지켜야 합니다. 특히 회의시간이나 외부 약속 등은 더욱 철저히 지키는 것이 중요합니다. 5분쯤이야 하는 생각은 자신을 5년 퇴보하게 만듭니다.

출근시간도 마찬가지입니다. 출근시간은 회사와 직장 동료들과의 약속이기도 합니다. 자신의 지각 때문에 맡은 일에 차질이 생긴다면 고운 눈으로 바라보는 직장 동료들은 아마 없을 것입니다.

사소한 것이긴 하지만 약속 시간을 잘 지키는 사람으로 인식되는 것은 천금과도 바꾸지 못하는 소중한 자기 자산입니다. 약속을 잘 지키면 그 사람에 대한 신뢰도 서서히 쌓이게 됩니다.

다섯째, 철저한 명함관리도 중요한 자산이다

우리는 자신을 알리기 위한 수단으로 명함을 주고받습니다. 하지만 받은 명함은 그저 책상서랍에 던져두기 일쑤입니다. 명함은 성공을 위한 소중한 자기 자산 중의 하나입니다. 언제 어디서 그들의 도움이 필요할지 모르고 또 나를 알리기엔 그보다 더 좋은 것도 없기 때문입니다.

명함은 소중하게 간직해야 합니다. 받은 명함 뒷면에 그날 만난 사람에 대한 정보, 가령 첫인상과 특이점 등을 날짜와 시간을 함께 기록해두는 것이 좋습니다. 그렇게 하면 그때 만난 사람이 누구였는지 어떤 사람이었는지 상세하게 기억할 수 있습니다. 또 다음 만남에서는 자신에 대해 좋은 이미지를 심어줄 수 있어 보다 효과적입니다.

이런 식으로 명함을 관리해두면 그저 스쳐 지나가는 만남이 아니라 관계가 지속될 수 있습니다. 또 언젠가는 자신에게 많은 도움을 가져다주는 소중한 자산으로 남을 수 있습니다. 이렇듯 명함 뒷면에 긁적여놓은 몇 안 되는 글자가 큰 자산이 되는 것입니다.

"성공의 비결은 '남에게 대접받고자 하는 대로 남을 대접하라'는 이른바 황금률에 있는 것이다."

존 코맥넬의 말처럼 상대방을 이용하거나 무언가를 얻어내기 위해 다가간다면 좋은 인간관계를 형성할 수 없습니다. 인맥은 좋은 인간관계가 형성될 때 쌓아갈 수 있습니다.

다양한 경험을 통해 인맥을 넓혀야 합니다.
인맥은 당장 취업뿐만 아니라
살아가는 데 큰 재산이 됩니다.
인맥은 유용한 정보를 얻을 수 있는
안테나와 같습니다.
혼자 힘만으로 불가능할 때 인맥 속에 반드시
도움을 줄 사람도 들어 있게 마련입니다.

여유 있는 아침이
미래의 문을 활짝 연다

하루 24시간은 모든 사람들에게 공평하게 주어집니다. 그러나 어떻게 활용하느냐에 따라 24시간이 48시간이 될 수도 12시간으로 줄어들 수도 있습니다. 이런 마법 같은 시간을 허투루 쓰지 않고 알차게 쓸 때 원하는 인생을 그려갈 수 있습니다.

이른 아침의 가벼운 차 한 잔이 인생을 바꾼다는 말이 있습니다. "무슨 말 같지도 않은 소리를 하고 있냐?"고 반문할 수도 있을 것입니다. 이런 말을 하는 사람들은 아침을 상쾌하게 맞지 못하는 사람들일 테지요.

세상의 어떤 일도 처음부터 거창하지는 않습니다. 아주 사소한 것에서 출발한 일이 나중에 놀라운 결과를 가져다주기도 합니다.

평소보다 조금 일찍 일어나 차를 마시며 여유를 느껴보세요. 잠깐의 여유 속에서 하루를 계획하는 일은 결코 사소한 일이 아닙니다. 우리의 인생을 바꾸어놓는 기적은 이런 사소함 속에서 일어난다는 것을 간과해선 안 됩니다.

노성국 씨는 매일 아침 5시에 일어나 산책을 하며 하루를 시작합니다.

노씨는 예전엔 11시 이전에 잠자리에 들 때면 밤 시간이 너무나 아까웠다고 말합니다. 그래서 친구들과 전화로 수다를 떨거나 웹서핑을 하다가 새벽 3시쯤에 잠자리에 들었습니다.

하지만 깨어 있어봐야 무의미하게 시간을 보낼 뿐이었습니다. 그 다음날 억지로 일어나 출근시간 5분 전에 회사에 도착했기 때문에 오전 내내 컨디션이 좋지 않았습니다. 그러다가 아침형 생활을 하는 직장 동료의 말을 듣고 참여하게 되었습니다.

"요즘은 가벼운 수필집 등을 읽으며 잠들어요. 일찍 잠드니까 자연스럽게 일찍 일어나게 되고 집중도 잘되는 것 같아요."

노씨는 남들은 잠에 취해 있을 때 커피를 마시며 아이디어를 떠올립니다. 사실, 밤에 떠오르는 아이디어보다 이른 아침에 떠오르는 아이디어가 더 현실적입니다. 또한 중요한 결단은 밤에 하는 것보다 아침에 하는 것이 더 현명합니다. 밤은 사람을 감성에 빠지게 하지만 아침은 이성이 살아나는 시간이기 때문입니다.

직장에서 능력을 인정받는 사람들은 대부분 '아침형 생활'을 하는 타입입니다.

일찍 잠자리에 들고 일찍 일어나 여유롭게 아침을 맞이하는 사람들. 이런 사람들이 직장에서 훨씬 두각을 나타내는 것은 어쩌면 당연한 일인지도 모릅니다.

서유럽 기업의 최고경영자들은 하루 평균 6시간의 수면을 취한다고 합니다. 그들은 아침시간을 잘 활용해 지금의 자리에 오를 수 있었던 것입니다.

출근시간에 쫓기지 않기 때문에 여유 있게 하루의 일과를 점검할 수 있습니다. 또한 업무에만 몰두할 수 있습니다.

재물과 달리 시간은 누구에게나 공평합니다. 이런 시간을 어떻게 활용하느냐에 따라 행복할 수도, 불행할 수도 있는 것입니다.

아침형 생활에 대한 얘기는 아무리 많이 해도 지나침이 없을 것입니다.

현재 성공의 반열에 오른 사람들이 하고 있는 '아침 깨우기' 방법, 즉 아침을 행복하게 맞는 방법을 소개해보겠습니다.

1. 불안이나 위기를 느낀 그날부터 실천한다. 당장 시작하지 않고 내일 이후로 미루면 이미 절반은 실패다.

2. 토요일 · 일요일 · 공휴일이라고 넘어가지 말라. 한번이 두

번 되고 끝내는 무너져버린다.

3. 주변에 아침형 생활을 하고 있는 사람들 모델로 정하라. 존경하는 사람일수록 자극은 커진다.

4. 잠자리에 들기 전에 내일 아침에 무엇을 할 것인가를 계획하라. 그리고 일어나고자 하는 시간의 숫자를 여러 번 그려보라.

5. 저녁은 과식·과음하지 말고 밤 8시 이후에는 아무것도 먹지 말라.

6. 일어나면 자신이 좋아하는 차를 마시거나 가벼운 책을 보며 아침시간을 즐겨라.

7. 우선은 일주일만 참아낸다는 생각으로 시작해라. 일주일이 성공하면 한 달이 성공하고, 일 년이 성공하는 것이다.

8. 처음엔 거창한 계획 대신 실천하기 쉬운 계획으로 아침을 시작하라.

9. 혼자 하면 성공보다는 실패할 확률이 크다. 반대로 가족이나 친구들과 함께하면 그 효과는 배로 나타난다.

시간은 모두에게 공평하게 주어졌지만 쓰는 사람에 따라 다릅니다. 어떤 사람은 한 시간을 미래를 위한 자기계발에 알차게 쓰겠지만, 또 다른 사람은 방에서 그저 하릴없이 텔레비전 채널만 돌리고 있을 테니까요.

밝은 미래를 생각한다면 단 일 분 일 초라도 허투루 쓰지 않아야 합니다. 오히려 자기계발이나 평소 부진한 외국어 공부, 운동 등 생산적인 활동을 해야 합니다. 미래는 이런 사람에게 활짝 열려 있습니다.

시간은 모두에게 공평하게 주어졌습니다.
하지만 어떻게 활용하느냐에 따라
하루가 스물네 시간이 될 수도
마흔여덟 시간이 될 수도 있습니다.
허투루 쓰는 아침 시간을 잘 활용해보세요.
남들보다 인생을 두 배로 살 수 있습니다.
따라서 그만큼 성공할 확률도 높아지겠지요.

나만의 블루오션 전략

지금 어디를 가나 들리는 소리는 청년실업, 취업대란뿐입니다. 경기는 최악의 상황에서 회복될 기미가 전혀 보이지 않습니다. 많은 신용불량자가 생겨나고 있는 요즘, 혈기 왕성한 청년들은 일자리가 없어 방황하고 있습니다.

현재 세상에 나 있는 길은 예전에 누군가가 만들어놓은 길입니다. 대부분의 사람들은 안전한 그 길로만 다니려고 합니다. 길은 비좁고 행인은 많으니 경쟁이 치열해질 수밖에 없는 것입니다.

이 시대는 블루오션 전략을 요구합니다. 블루오션이란, 경쟁자를 이기는 최선의 방법으로 경쟁하지 않고 경쟁자가 없는 시장을 창출해내자는 것으로, 새로운 시장을 의미합니다.

연기자 김영애 씨는 '황토를 팔아서 1,000억을 번 여자'로 잘 알려져 있습니다. 그녀는 홈쇼핑을 통한 공격적인 마케팅으로 끊임없이 시장을 개척해나가고 있습니다. 황토미용업체 '참토원' 대표 김영애 씨는 연기자 생활 34년의 불규칙한 생활로 인해 한때 건강이 악화되어 약물에 의존했습니다. 하지만 그녀는 몸소 체험한 황토의 효능을 확신하면서 직접 황토사업에 뛰어들었습니다.

사업을 시작한 지 2년여 만에 매출 1,000억 원을 달성하였습니다. 뿐만 아니라 일본과 대만 홈쇼핑까지 진출해 외화획득에 큰 기여를 하고 있습니다.

프랑스 최대 백화점 '쁘랭땅'이 내놓은 블루오션 전략도 눈에 띕니다. 쁘랭땅 백화점 대표인 로랑스 다농은 발상의 전환으로 회사를 구해낸 인물입니다. 쁘랭땅은 백화점의 개념을 물건을 구매하는 거대 유통망이 아닌, 소비할 만한 가치가 있는 새로운 공간으로 과감하게 구조개혁을 단행했습니다. 그녀는 2층으로 구성된 세계 최대의 미용매장과 새로운 소비자인 남성을 위한 최대의 제화매장을 신설했습니다. 또한 고객을 위한 맞춤형 구매 서비스를 시작해 위기에 빠진 백화점을 가장 경쟁력 있는 백화점으로 재탄생시켰습니다.

중국의 토착종교인 도교의 경전에 이런 말이 나옵니다.
"남이 하지 않는 것을 해야 성공한다. 남이 생각하지 못한 것을 당장 먼저 하라. 당신이 원하는 것이 무엇인지 확실히 알라. 그것을 확실히 알면 알수록, 그것을 얻어낼 가능성이 그만큼 커지기 때문이다.

절반의 성공. 그것은 여유의 미학이다. 하늘의 해는 잴 수도 없을 만큼 풍부하다. 무상한 세계의 중심에 최고의 성공이 있다."

남이 하지 않는 일을 해야 성공할 수 있는 가능성이 커집니다. 비록 처음에는 뼈를 깎는 고통이 따르겠지만 어느 정도 궤도에 오르면 성공을 향한 질주는 눈덩이가 불어나듯이 가속도가 붙게 됩니다.

그래서 성공을 이룬 사람들은 하나같이 "남이 하지 않는 틈새시장을 개척하라"고 말하는 것입니다.

세상은 새로운 길을 개척하는 사람의 것입니다. 이미 만들어 놓은 길을 과감하게 벗어나 힘들고 외롭지만 나만의 길을 개척해보십시오.

하지만 패기만으로 성공을 장담할 순 없습니다. 새로운 길을 개척하는 데 필요한 지혜와 경험이 갖춰져야 합니다.

그동안 우리는 성공의 가도를 달리는 사람들보다 실패한 사람들을 많이 보았습니다. 이는 그 일에 맞는 지혜와 경험이 부족하고, 한 가지 일을 시작한 후 끝까지 해보지 않고 쉽게 포기하는 습관 때문일 것입니다.

내가 만나본 박종우 씨는 대학시절부터 한 우물을 파기 위해 특권을 내던졌던 사람입니다.

그가 꿈꾸는 미래의 자기 모습은 국내 제일의 홍보전문가입니다. 그는 광고홍보학을 전공하면서 익힌 지식과 뜨거운 열정으로 최고가 되겠다고 자신과 약속했습니다.

"대학교 강의는 제가 원하는 홍보보다는 광고에 중점을 두는 편이었어요. 그래서 어쩔 수 없이 홍보에 대한 지식은 선배들에게서 조금씩 정보를 얻어가며 배웠죠."

박씨는 1년 후 S전자 수시 채용에 합격했습니다.

지금은 밤 12시 이전에 잠들어 오전 4시에 일어나 2시간 동안 영어 공부를 하고 있습니다. 그가 영어 공부를 시작한 이유는 국내 최고의 홍보맨이 되기 위해서는 영어가 필수라는 생각이 들어서였습니다.

젊다는 것은 어떤 힘든 길이라도 헤치고 갈 수 있다는 말입니다. 지금 당장 자신을 받아주는 곳이 없어 방황하는 사람들, 부족한 학력 때문에 절망에 빠진 사람들… 그런 이들은 진주 같은 젊음의 가치를 모르고 있습니다. 아직 젊기에 당당하게 자신의 길을 개척할 에너지가 있다는 것을 말입니다.

스티븐 K. 스코트는 이렇게 말했습니다.

"한 마리의 개미가 한 알의 보리를 물고 담벼락을 오르다가 예순아홉 번을 떨어지더니 마침내 일흔 번째 목적을 달성하는 것을 보고 용기를 회복하여 드디어 적과 싸워 이긴 옛날의 영웅 이야기가 있는데, 동서고금에 걸쳐서 변치 않는 성공의 비결이다."

미국의 대표적인 마케팅 그룹 아메리칸 텔레캐스트의 CEO 스티븐 스콧은 사실 9번 실직을 당했던 전력이 있습니다. 그는

대학 졸업 후 6년 동안 많지 않은 봉급을 받으면서도 해고를 당하거나 사표를 내면서 무려 9번이나 회사를 옮겨 다녔던 것입니다.

하지만 현재는 《포춘》지 선정 500대 기업의 CEO 중 8번째로 부유한 억만장자가 되었습니다. 평범한 사람에서 부자가 된 경험을 쓴 2권의 저서와 9개의 비디오는 미국에서 베스트셀러가 되었습니다.

"양손을 주머니에 넣고서는 성공의 사다리를 오를 수가 없다"는 엘마 윌러의 말처럼 성공을 위해서는 블루오션을 적절히 활용할 수 있어야 합니다. 그리고 자신이 계획하고 있는 일에 사다리를 오르듯 최선을 다한다면 이미 성공은 예약된 것과 다름없습니다.

블루오션 전략은 기업뿐 아니라
개인에게도 많은 도움이 됩니다.
자기 안에 있는 잠재능력을 계발하여
자신만의 것으로 창조해보세요.
남들이 생각하지 못한 것을 개척하고
자신의 강점을 적극 활용해보세요.
그러할 때 성공의 문은
여러분을 향해 조금씩 열릴 것입니다.

정보의 바다를
내 손 안에

요즘 인터넷을 이용하지 않는 사람은 거의 없습니다. 인터넷에는 수많은 사이트가 있습니다.

취업준비생들에게 취업 사이트는 필수 서핑 코스입니다. 채용정보를 가장 빠르게 접할 수 있는 곳이 인터넷이기 때문입니다.

기업들은 시간과 공간의 제약이 없는 인터넷에 채용공고를 올립니다. 그리고 취업생들로부터 전자이력서를 받아 필요한 인력을 그때그때 수시로 채용하는 경우가 많습니다. 그렇기 때문에 신뢰할 만한 취업 사이트를 선정해 자신의 컴퓨터 '즐겨찾기'에 등록해놓으면 많은 도움이 됩니다.

무엇보다 중요한 것은 이런 취업 사이트에 들어가 수시로 체크해야 한다는 것입니다.

취업 포털 사이트는 검색도구를 이용해 자신이 원하는 채용 공고만을 선별해 볼 수 있습니다. 그리고 구인 기업을 직무, 직위, 연봉, 업종, 회사규모 등 다양한 조건으로 찾아볼 수도 있습니다.

언론에 따르면 취업 사이트 인크루트(www.incruit.com)의 인재 데이터베이스에는 62만 장의 이력서가 쌓여 있다고 합니다. 또한 잡 코리아(www.jobkorea.co.kr)에는 16만여 개의 기업이 구인등록을 했고, 역시 58만여 장이 넘는 이력서가 들어와 있다고 합니다.

이 숫자는 얼마나 많은 사람들이 취업 사이트를 이용하고 있는지 한눈에 알 수 있게 해줍니다.

취업 사이트들은 정보제공은 물론 이력서 등록, 인성검사, 직무능력검사, 취업 관련 각종 서비스를 종합적으로 제공해주고 있습니다. 그리고 국문, 영문, 일문 등 3개 국어로 이력서를 작성할 수 있는 서비스도 제공하고 있어 잘 활용하면 참 편리합니다.

취업 사이트에 등록한 이력서도 추가 사항이 생길 때마다 바로 업데이트 해주어야 합니다.

"취업 사이트나 취업 가이드북을 보며 기업을 연구하고 모집정보를 파악하는 것이 중요합니다."

대기업의 인사 담당자가 한 말대로, 요즘은 대기업에는 대규모 공채가 줄어들고 상시 채용이 일반화되어 있습니다. 따라서

기업들이 광고를 하지 않는 추세라는 것을 잊지 말아야 합니다.

아무리 좋은 도구가 있다 하더라도 활용하는 방법을 제대로 알지 못한다면 무용지물일 것입니다. 나는 여러분에게 취업 사이트 100% 활용하는 방법을 소개할까 합니다. 지금 소개해드리는 것을 활용하는 것만으로도 큰 도움이 되리라 생각합니다.

1. 일단 맞춤기능을 이용하라

하루에 평균 7만 건씩 등록되는 엄청난 구인광고 중에서 나에게 맞는 알짜 정보만을 걸러내기란 쉽지 않습니다. 하지만 '맞춤구인광고 설정' 기능을 이용해 자신이 원하는 직종과 지역, 경력, 학력, 성별 등 조건을 설정해놓으면 자신에게 맞는 구인광고만 골라볼 수 있습니다.

2. 필요한 정보만 취하라

온라인 채용이 보편화되면서 취업성공의 관건은 정보력에 달려있다고 해도 과언이 아닙니다. 수많은 취업정보를 장시간 서핑 할 때 필요로 하는 정보만을 선별하는 것이 중요합니다. 이 때 구인정보 스크랩과 북마크 기능을 이용하면 많은 도움이 됩니다.

3. 내 적성을 알아보라

대부분의 인터넷 취업정보업체들이 적성검사 서비스를 제공하

고 있습니다. 인성·적성검사 진단서비스를 활용하면 적성에 맞는 직업군에 대해 자세히 알 수 있습니다. 개인 능력과 고용동향, 기업 채용심사 기준을 바탕으로 개인 취업희망사항을 입력하면 취업 가능성, 면접·서류심사 경쟁력, 직무수행능력, 직무태도, 적성 등 5개 분야별로 수치화해 진단해 줍니다. 이는 구직자가 취업전략을 세우는 데 큰 도움이 됩니다.

4. 상대방을 파악하라

어떤 기업이 자기 이력서를 열람해 봤는지 알 수 있도록 해 주는 '이력서 열람 확인서비스'도 매우 유용합니다. 자기 이력서를 열람한 기업을 확인할 수 있어 구직자들은 그 기업에 능동적으로 지원한다거나 사후 취업정보로 활용할 수 있기 때문입니다.

5. 원하는 기업에만 이력서를 공개하라

구인공고를 낸 일부 기업은 모집공고와 달리 직종이나 채용조건 등을 수시로 변경하기도 합니다. 이를 막기 위해서 취업사이트에서 제공하는 '이력서 열람 제한' 서비스 등을 이용하면 기업들이 자기 이력서 열람을 금지하도록 하는 설정이 가능합니다.

6. 멀티 검색엔진을 활용하라

기존 구직자들은 자신에게 적합한 정보를 찾기 위해 수많은 채용사이트를 찾아다녀야 하는 불편함이 있었습니다. 하지만 이제는 한 곳에서 근무지역과 업종 · 직종별로 자신에게 적합한 채용공고와 취업뉴스를 찾을 수 있습니다.

멀티 검색엔진은 국내뿐만 아니라 미국, 인도네시아, 일본, 중국, 중남미 등 외국 채용정보도 검색 가능합니다. 핫잡스(www.hotjobs.com)나 몬스터닷컴(www.monster.com)도 채용정보를 나라별 · 지역별로 자동으로 분류해 제공해 줍니다.

7. 모바일 채용서비스를 활용하라

휴대전화 개인휴대단말기(PDA) 등 '모바일 채용 서비스'를 활용하면 장소에 구애받지 않고 실시간으로 맞춤 채용정보를 제공받을 수 있습니다. 언제 어디서나 원하는 기업에 모바일을 통해 이력서를 전송하거나 업체 측의 스카우트 제의를 받을 수도 있습니다.

8. 뉴스레터를 신청하라

중요한 정보를 놓치지 않기 위해서는 취업사이트에 뉴스레터 메일링 리스트를 등록해 두는 것이 좋습니다. 주1회씩 발송되는 뉴스레터는 취업에 유용한 정보들을 빠짐없이 모니터링 할 수 있을 뿐만 아니라 취업과 관련한 전반적인 흐름을 이해하는 데 큰 도움이 됩니다.

9. 온라인 취업 메신저와 툴바를 사용하라

온라인 취업 메신저나 툴바를 이용할 경우 취업포털 웹사이트

에 직접 방문하지 않고도 손쉽게 취업 사이트가 제공하는 서비스를 받을 수 있습니다. 취업 메신저는 구인·구직자 모두 메신저 창을 통해 업직종별 채용 및 인재정보를 조건별로 수시로 맞춤 검색할 수 있습니다.

온라인 채팅 창을 통해 즉석 1대1 면접을 실시할 수 있고, 스케줄링 기능으로 원하는 시간마다 신속하게 채용정보와 인재정보가 업데이트됩니다.

툴바(Tool Bar) 역시 홈페이지로 이동하지 않고도 웹브라우저에서 '업종·직종 별 채용정보 검색', '키워드 검색·저장 기능', '인재검색', '아르바이트 검색', '취업 커뮤니티', '취업뉴스' 등을 실시간으로 파악할 수 있는 장점이 있습니다.

10. 커뮤니티를 활용하라

취업 사이트뿐만 아니라 해당 업종·직종과 관련된 포털 동호회 검색 서비스도 주목할 필요가 있습니다. 업종·직종별 관련 구직자 의견이 다양하게 게시되어 있어 특정 기업에 대한 정보는 물론 이력서 및 자기소개서 작성법, 구체적인 면접 경험담 등을 얻을 수 있습니다. 또한 취업에 관한 고민도 함께할 수 있어 일석이조입니다.

11. 취업경쟁률을 파악하라

온라인을 통해 이력서를 제출한 구직자가 해당 기업에 학력, 경력, 희망연봉별 지원자의 통계를 실시간 확인해 볼 수 있습니다. 자신이 지원한 회사에 어떤 인재들이 지원했는지, 경쟁률은 어떠한지를 알아볼 수 있습니다. 업종·직종별 취업경쟁률과 학력별 구인구직 분포도를 통해 실시간 채용수요와 구직동향을 확인하는 것도 효과적인 구직활동 방법 중 하나입니다.

열람한 기업에 보다 적극적으로 지원하거나 현재 자신의 위치를 객관적으로 파악하는데 도움이 됩니다.

12. 목표 기업의 정보를 사전에 파악하라

지원하는 회사에 대해 궁금한 점이 있을 때 활용하면 좋은 서비스가 바로 기업정보 검색 서비스입니다. 사업내용, 설립연도 등 기본적인 기업정보 외에 기업 신용정보까지 추가로 제공해 면접을 앞둔 구직자들이라면 필수로 확인해봐야 합니다.

13. 취업 전문가에게 조언을 구하라

원하는 직종에 대해 정확히 모르거나 급여, 비전 등 직종별 궁금한 사항이 있을 때는 전문가에게 상담을 요청하는 것도 한 방법입니다.

취업 포털 사이트에서 운영하는 전문가 상담 코너에는 각 분야 전문가들이 직접 무료로 상담을 해 주기 때문에 진로결정, 경력관리, 구직활동, 직장생활 등의 과정에서 발생하는 궁금증을 알아볼 수 있습니다.

《손자병법》〈모공〉 편에 보면 '지피지기백전불태' 라는 말이 있습니다. 적과 아군의 실정을 잘 비교 검토한 후 승산이 있을 때 싸운다면 백 번을 싸워도 결코 위태롭지 않다는 뜻입니다. 자신과 지원하고자하는 기업에 대해 자세히 알고 있다면 취업은 그리 어려운 일만은 아닐 것입니다.

요즘은 정보의 시대입니다.
새로운 정보를 얼마나 빨리 접하느냐에 따라
기회를 잡을 수도, 잃어버릴 수도 있습니다.
인터넷은 수많은 정보의 은행입니다.
인터넷을 잘 활용하면
꼭 필요한 정보를 얻을 수 있습니다.
취업 사이트를 잘 활용하는 것도
남들보다 앞서가는 방법일 것입니다.